Golf

普通高校奥运特色项目系列教材

高尔夫球

◎主　编　楼恒阳　刘　剑

◎副主编　高元龙　童　杰　叶亚金

◎参　编　王继鲁　金开云　朱培军

　　　　　虞棋棋　郑俊斌

ZHEJIANG UNIVERSITY PRESS
浙江大学出版社

图书在版编目(CIP)数据

高尔夫球 / 楼恒阳,刘剑主编. —杭州：浙江大学出版社，2018.8

ISBN 978-7-308-16236-4

Ⅰ.①高… Ⅱ.①楼… ②刘… Ⅲ.①高尔夫球运动－高等学校－教材 Ⅳ.①G849.3

中国版本图书馆 CIP 数据核字（2016）第 233150 号

高尔夫球

主　编　楼恒阳　刘　剑
副主编　高元龙　童　杰　叶亚金

丛书策划　葛　娟
责任编辑　葛　娟
责任校对　汪淑芳　杨利军
封面设计　周　灵
出版发行　浙江大学出版社
　　　　　（杭州市天目山路 148 号　邮政编码 310007）
　　　　　（网址：http://www.zjupress.com）
排　　版　杭州中大图文设计有限公司
印　　刷　浙江省邮电印刷股份有限公司
开　　本　787mm×960mm　1/16
印　　张　16
字　　数　332 千
版 印 次　2018 年 8 月第 1 版　2018 年 8 月第 1 次印刷
书　　号　ISBN 978-7-308-16236-4
定　　价　42.00 元

普通高校奥运特色项目系列教材
学术顾问委员会

潘德运　浙江大学公共体育与艺术部竞赛训练管理中心主任
张　锐　浙江大学公共体育与艺术部公共体育教育中心副主任
吴　剑　浙江大学公共体育与艺术部竞赛训练管理中心副主任
虞松坤　浙江大学公共体育与艺术部场馆器材服务中心副主任
鲁　茜　浙江大学公共体育与艺术部体育艺术研究中心副主任
金鸥贤　浙江大学公共体育与艺术部教育教学管理科科长
叶茵茵　浙江大学公共体育与艺术部综合办公室副主任（主持工作）
袁华瑾　浙江大学公共体育与艺术部文化信息建设中心副主任

普通高校奥运特色项目系列教材

编委会成员

（以姓氏笔画为序）

王大庆	王先驰	叶亚金	叶茵茵	田　忠
刘　剑	刘　博	刘玉勇	刘斯彦	许　慧
许亚萍	孙冠荣	杨永明	吴叶海	何一兵
张　束	陈　涛	陈　烽	陈小珍	陈志强
陈坚坚	林时云	金　雷	金鸥贤	金慧娟
郑其适	赵　峰	柳志鹏	恽　冰	骆文梦
钱宏颖	黄　力	黄小玲	董育平	董晓虹
傅旭波	鲁　茜	蓝天宇	虞力宏	虞松坤
鲍江华	潘雯雯	潘德运		

序
PREFACE

高等学校体育是整个国民体育的重要基础,是我国体育工作的重点内容。21 世纪高等教育强调"健康第一"、学生全面发展,把教育改革提高到一个新的高度。2010 年《国家中长期教育改革和发展规划纲要》指出,今后十年我国教育改革发展要贯彻优先发展、育人为本、改革创新、促进公平、提高质量的方针。随着社会发展和人的需求的变化,高校的社会功能被不断深化,体育的育人功能日益突显,目前"办特色学校,创教育品牌"已成为我国众多教育工作者的共识。时代在变,学生的兴趣爱好也在变,丰富高校体育课程资源,开拓学生喜闻乐见的体育项目是高校体育教育工作者的重要工作。

浙江大学根据公共体育教学精品化的发展目标,"关注教育质量的提升,着眼教育内涵的发展"。学校对学生的培养目标是轻竞技,重参与,以大众参与为手段,丰富体育课程资源,满足体育锻炼需要,促进锻炼习惯养成。因而,公共体育教育中心在开设课程的形式方面也作了较大幅度的改革,进行分层次教学,注重知识、技术、技能的层次特点,为学生从事终身体育打下坚实基础。浙江大学公共体育教育以奥运与非奥运项目为主体,以传承与创新为根本,形成内容丰富多彩、形式活泼多样、学生积极参与的校园体育文化氛围。

这套奥运项目系列教材包括《篮球》《排球、气排球与沙排》《足球》《乒乓球》《羽毛球》《网球》《游泳》《跆拳道》《高尔夫球》《健身运动》等,教材面向普通本科生、研究生,结合健康教育理念,摆脱传统平铺直叙的编写模式,形成师生互动关系,增加启发性和趣味性,培养和调动学生主动学习的兴趣和积极性。本系列教材既可作为学生体育课教学使用教材,也可作为学生课外自行锻炼的参考书。

浙江大学副校长

前 言
FOREWORD

　　为了全面推进学校体育改革,贯彻"健康第一"和"终身体育"的思想,全国普通高等学校在学校体育课程设置上进行了多种尝试,同时在课程内容上也做出了很大调整和改革,高尔夫球运动正是顺应高校体育教学改革的形势而引入高校的。

　　2009年10月9日,国际奥委会在丹麦哥本哈根召开了第121次会议,会议通过了高尔夫球成为2016年里约热内卢奥运会的正式比赛项目的提案。高尔夫球入奥后对全球高尔夫球的发展将会起到非常巨大的推动作用,不仅会得到政府相关主管单位更多的政策支持和经济支持,也有利于这个项目在我国的普及和发展。

　　现在我国越来越多的高校开始开设高尔夫球选项课,为了配套高尔夫球课程,提高大学生的体质健康水平,开拓大学生视野,满足不同层次大学生对高尔夫球知识和技能的需求,特编写本教材,以便于指导不同层次大学生的学习与锻炼。

　　本书用大量的图片和通俗易懂的语言阐述了高尔夫球运动的专业知识、技战术运用、练习方法及技术评价、竞赛组织与规则、常用英语词汇与短语,以及重大赛事及名人介绍,是一本趣味性、实用性强的教材。尤其在技术运用中,分为挥杆初、中、高级三部分,推杆初、中、高级三部分和切球初、中、高级三部分进行编写,并制定了挥杆和推杆初、中、高级的技术考核评价标准,以满足不同层次大学生对技术的要求。

　　本教材中的示范动作由本人完成,拍摄由浙江外国语学院童杰和浙江省旅游职业学院高元龙承担,并得到杭州西湖国际高尔夫乡村俱乐部高尔夫学院王继鲁先生的大力支持与帮助,在此一并表示感谢。同时由于高尔夫球课程是一门发展中的新课程,有许多理论和实践问题尚在探索之中,加上时间和作者的水平有限,不妥之处,敬请读者批评指正。

楼恒阳

2018年1月

目 录
◆CONTENTS

1

第一章　体育与健康

应知导航

本章首先介绍健康的概念，接着讲述了体育锻炼和营养这两者与健康的关系，在此基础上根据大学生体质健康评价体系，提出科学健身指导和日常健身误区，目的是进一步提高大学生的身体素质。

第一节　健康概述

一、健康的概念

古时的健康概念，常以是否有病作为分界线，有病为不健康，无病则为健康，而现代对健康的科学定义是指机体与自然环境和社会环境的动态平衡。在关注身体健康的同时，亦重视心理健康，并强调两者的和谐与统一。就身体健康与心理健康的关系来讲，身体健康是心理健康的基础，而心理健康又是身体健康的必要条件，没有心理健康，就没有身体健康。生理活动和心理活动是相互联系、相互影响的。心理活动对人体各器官、系统的活动起重要作用，与人们的正常生活、发病原因、症状和康复密切相关，健康的心理可以维持人的正常情绪、维护人的正常生理，以适应外来的各种刺激。可以说健康的心理，既有防病、抗病的能力，又给治疗和康复以巨大的影响，只有身心健康的人，才是完美的健康人。

1948年世界卫生组织（WHO）在其宪章中这样定义健康："健康不仅仅是没有疾病和衰弱状态，而是一种在身体上、精神上和社会上的完好状态。"

1978年9月国际初级卫生保健大会所发表的《阿拉木图宣言》中，对健康的描述又重申："健康不仅是疾病与体弱的匿迹，而且是身心健康、社会幸福的完美状态。"

1989年世界卫生组织又提出"身体健康、心理健康、道德健康、社会适应良好"四方面的健康标准。

二、健康评价

根据健康的概念要定出一个普遍适用的健康指标是比较困难的。因为人的年龄阶段、男女性别、地域、民族也都各不相同,一般说来,人的健康指标也只能起个参考作用。

（一）健康状况的构成因素

1. 身体的健康

（1）没有病,不需治疗。

（2）身体的发育正常。

（3）有良好的食欲,夜间睡眠好。

（4）体态脸色好,有精神。

（5）能很好地进行日常活动,快速消除疲劳。

2. 精神的健康

（1）能与家庭成员、朋友、伙伴们协力合作。

（2）理解人生的意义,对生活充满希望。

（3）有正确的判断能力。

3. 社会的健康

（1）具有良好的衣、食、住条件。

（2）社会和平,社会犯罪行为较少发生。

（3）死亡率低,大家都能长寿。

（二）世界卫生组织提出的健康标志

1. 精力充沛,能从容不迫地应付日常生活和工作的压力,而不感到紧张。

2. 处事乐观,态度积极,乐于承担任务,不挑剔。

3. 善于休息,睡眠良好。

4. 应变能力强,能适应各种环境变化。

5. 对一般感冒和传染病有一定的抵抗力。

6. 体重适当,体态均匀,身体各部位比例协调。

7. 眼睛明亮,反应敏锐,眼睑不发炎。

8. 牙齿洁白,无缺损,无疼痛感,牙龈正常,无蛀牙。

9. 头发光洁,无头屑。

10. 肌肤光泽,有弹性,走路轻松,有活力。

（三）针对心理健康,世界卫生组织给出的十大标志

1. 有充分的安全感。

2. 充分了解自己,对自己的能力做出恰如其分的判断。

3. 与外界环境保持接触。

4. 生活目标切合实际。

5. 保持个性完整和和谐。

6. 具有一定的学习能力。

7. 保持良好的人际关系。

8. 能适当表达和控制自己的情绪。

9. 有限度地发挥自己的才能与兴趣爱好。

10. 在不违背社会道德规范的情况下,个人的基本需要得到一定程度的满足。

(四)"五快""三良好"健康标准

我国的一些保健专家结合日常生活经验,提出了较为通俗的"五快""三良好"的健康标准。

1. 五快

(1)吃得快。进餐时,有良好的食欲,不挑剔食物,并能很快吃完一顿饭。

(2)便得快。一旦有便意,能很快排泄完大小便,而且感觉良好。

(3)睡得快。有睡意时,上床后能很快入睡,且睡得好,醒后头脑清醒,精神饱满。

(4)说得快。思维敏捷,口齿伶俐。

(5)走得快。行走自如,步履轻盈。

2. 三良好

(1)良好的个性、人格。情绪稳定,性格温和;意志坚强,感情丰富;胸怀坦荡,豁达乐观。

(2)良好的处世能力。观察问题客观、现实,具有较好的自控能力,能适应复杂的社会环境。

(3)良好的人际关系。助人为乐,与人为善,对人际关系充满热情。

三、影响健康的因素

一个人的健康水平受先天的遗传因素和后天各种因素相互交叉、相互渗透的影响。

(一)生物学因素

生物遗传因素是指人类在长期生物进化过程中所形成的遗传、成熟、老化及机体内部的复合因素。生物遗传因素直接影响人类健康,它对人类诸多疾病的发生、发展及分布具有决定性影响。人类在建造自身的时候,除性染色体决定人的性别外,胚胎还要在发育时摄取环境中的许多物质,因此造成和亲代相似的多种特征,如体态、体质、性格、智力等方面,甚至携带有许多隐性的或显性的疾病,如常见的色盲、聋哑等遗传缺陷。

(二)环境因素

环境因素是指围绕着人类空间及直接或间接地影响人类生活的各种自然因素和社会因素之总和。因此,人类环境包括自然环境和社会环境。

1. 自然环境

自然环境又称物质环境,是指围绕人类周围的客观物质世界,如水、空气、土壤及其他生物等。自然环境是人类生存的必要条件。在自然环境中,影响人类健康的因素主要有生物因素、物理因素和化学因素。

自然环境中的生物因素包括动物、植物及微生物。一些动物、植物及微生物为人类的生存提供了必要的保证,但另一些动物、植物及微生物却通过直接或间接的方式影响甚至危害人类的健康。

自然环境中的物理因素包括气流、气温、气压、噪声、电离辐射、电磁辐射等。在自然状况下,物理因素一般对人类无危害,但当某些物理因素的强度、剂量及作用于人体的时间超出一定限度时,就会对人类健康造成危害。

自然环境中的化学因素包括天然的无机化学物质、人工合成的化学物质及动物和微生物体内的化学元素。一些化学元素是保证人类正常活动和健康的必要元素;一些化学元素及化学物质在正常接触和使用情况下对人体无害,但当它们的浓度、剂量及与人体接触的时间超出一定限度时,将对人体产生严重的危害。

保持自然环境与人类的和谐,对维护、促进健康有着十分重要的意义。若破坏了人与自然的和谐,人类社会就会遭到大自然的报复。

2. 社会环境

社会环境又称非物质环境,是指人类在生产、生活和社会交往活动中相互间形成的生产关系、阶级关系和社会关系等。在社会环境中,有诸多的因素与人类健康有关,如社会制度、经济状况、人口状况、文化教育水平等,但对人类健康影响最大的两个因素是:行为和生活方式。

行为是人类在其主观因素影响下产生的外部活动,而生活方式是指人们在长期的民族习俗、规范和家庭影响下所形成的一系列生活意识及习惯。随着社会的发展、人们健康观的转变以及人类疾病谱的改变,人类行为和生活方式对健康的影响越来越引起人们的重视。合理、卫生的行为和生活方式将促进、维护人类的健康,而不良的行为和生活方式将严重威胁人类的健康。特别是在我国,不良的行为和生活方式对人民健康的影响日益严重,吸烟、酗酒、赌博、滥用药物等不良行为和生活方式导致一系列身心疾病日益增多。

(三)医疗卫生服务

医疗卫生服务是指促进及维护人类健康的各类医疗、卫生活动。它既包括医疗机构所提供的诊断、治疗服务,也包括卫生保健机构提供的各种预防保健服务。一个国家医疗卫生服务资源的拥有、分布及利用将对其人民的健康状况起重要的作用。

上述三个影响健康的因素中,环境因素起重要作用,其次为医疗卫生服务,生物学因素虽影响较小,但一旦出现遗传病,则不可逆转。这三个因素彼此又有相互依存关系。

第二节　体育锻炼与健康

　　"体育"有广义和狭义两种含义。狭义的体育一般指体育教育;广义的体育则与通常所说的"体育运动"相同,其含义是指以人体运动为基本手段增进健康、提高生活质量的教育过程与文化活动。而健康不仅是没有疾病和身体不虚弱,而且是保持身体上、精神上和社会适应方面的良好状态。体育与健康的关系是手段与目的的关系,即健康以体育为手段,体育以健康为目的。

　　锻炼是增进健康、增强体质最有效的方法,并且能够起到防治疾病的作用。坚持科学的体育锻炼能达到"健身、健心、健美"的效果。

　　体育锻炼对健康的影响具有双向效应,运动过量或运动缺乏都无益于健康,只有适量的锻炼才会有益于健康。适量运动是指根据运动者的个人身体状况、场地、器材和气候条件,选择适合的运动项目,使运动负荷不超过人体的承受能力。运动过程中的运动强度、持续时间和运动频率适宜,运动时的心率范围控制在 120～150 次/分;机体无不良反应,运动后略觉疲劳,恢复速度快;情绪和食欲良好,睡眠质量高,醒后感觉精力充沛。过度运动是发生于体育运动中的一种运动性疾病,其发生发展过程既有运动方面的因素也有运动恢复、营养、心理及其他方面的因素,往往是多种因素综合作用的结果。

　　过度运动有两方面的含义:一是运动负荷超过人体的承受能力;二是当身体的某些功能发生改变时,恢复手段无效、营养不良、情绪突变、思想波动等,使正常的负荷变成超量负荷。运动缺乏是慢性非传染疾病(指与生活方式密切相关的慢性病,如高血压、冠心病、脑卒中、高脂血症、肥胖、糖尿病等)的一级危险因素。运动缺乏的含义包括久坐、机体缺乏运动应激刺激,不运动或很少运动。如果每周运动不足 3 次,每次运动时间不足 10 分钟,运动强度偏低,运动时心率低于 110 次/分,则为运动缺乏。运动缺乏将对人体健康产生不利的影响。

一、体育锻炼可使人体健康发展

世界卫生组织发表报告,指出适量规律的体育锻炼至少有以下好处:

1.减少过早死亡。

2.减少心脑血管病的死亡,全世界 1/3 的死亡是由心脑血管病引起的。

3.减少心脏病和直肠癌发病率 50%。

4.减少 Ⅱ 型糖尿病发病率 50%。

5.帮助预防和减少高血压病,世界 1/5 的人口受该病的影响。

6.帮助预防和减少骨质疏松症的发生,可减少妇女骨质疏松症的发病率 50%。

5

7. 减少背下部疼痛发生的危险。

8. 促进心理健康,减少抑郁症、强迫症和孤独感的发生。

9. 帮助预防和控制不良习惯,特别是对儿童和年轻人,可帮助他们远离烟草、酒精、药品滥用以及不健康的饮食习惯和暴力。

10. 帮助控制体重,与久坐少动的人相比,可减少肥胖发生率50%。

11. 帮助强健筋骨、肌肉和关节,使有慢性疾患及残疾的人改善他们的耐久力。

12. 帮助减轻疼痛,如背部疼痛和膝关节疼痛。

二、体育锻炼可促使人的心理健康发展

1. 体育运动能改善情绪。心情郁闷时去运动一下能有效宣泄不良心情,尤其遭受挫折后产生的冲动能被升华或转移。

2. 体育运动能培养人的意志。参加体育运动有助于培养人勇敢顽强、坚持不懈的作风,团结友爱的集体主义精神与机智灵活、沉着果断的品质,还能使人保持积极向上的心态。

3. 体育运动能使人际关系和谐。由于体育运动的集体性和公开性,在体育运动中的人际交往,能促进良好人际关系的发展,融洽关系,团结协作。

4. 体育运动使人正确认识自我。人在运动中对自己身体的满意可以增强自信,提高自尊。

5. 体育运动促进行为协调,反应适度。体育运动大多在规定的规则要求下进行,每位运动员都会受到规则约束,因此体育运动对培养人良好的行为规范有着重要和积极的作用。

6. 体育运动能培养合作与竞争意识。合作与竞争是现代社会对人才的要求。

三、体育锻炼可提高人适应社会的能力

1. 提高人体适应环境的能力

习惯于体育锻炼的人对外界环境适应能力强的基本原因有两点:一是长期进行体育锻炼,增进了健康,强壮了体格,身体的各个组织系统在中枢神经支配下,承受外界刺激和协调各组织系统的能力得到增强;二是从事体育锻炼,往往是在各种外界环境和条件下进行的,因而使机体得到锻炼,适应能力不断提高。

2. 促进社会交往和增进友谊

体育锻炼是一种社会活动,人们在体育运动过程中,不仅能够锻炼身体,而且在各种锻炼活动中可以促进社会交往和增进友谊。

第三节　营养与健康

一、营养的基本知识

营养是指人体从外界摄取适当有益物质以谋求养生的行为,是人体摄取和利用食物的综合过程,是对食物中养料的摄入、消化、吸收和排泄等的全过程。营养应理解为滋养或被滋养的行为,其含意为谋求养生。

人体组织的构造和增长,离不开基本的营养素,人体活动的能量也均来源于各种营养素,均衡的营养是理想健康的重要因素,营养良好与否直接关系到身体的健康。

目前所知,人体需要的营养素共有 45 种,可分成 6 大类:蛋白质、脂肪、碳水化合物(包括膳食纤维)、无机盐(包括常量元素和微量元素)、维生素和水。

1. 营养素——食物中可给人体提供能量、机体构成成分和组织修复以及生理调节功能的化学成分。凡是能维持人体健康以及提供生长、发育和劳动所需要的各种物质被称为营养素。人体所必需的营养素有蛋白质、脂肪、糖类、矿物质、维生素、水等 6 类。

2. 蛋白质——生命的物质基础:蛋白质是维持生命不可缺少的物质。人体组织、器官由细胞构成,细胞结构的主要成分为蛋白质。机体的生长、组织的修复、各种酶和激素对体内生化反应的调节、抵御疾病的抗体的组成、维持渗透压、传递遗传信息,无一不是蛋白质在起作用。肉、蛋、奶、豆类含丰富优质蛋白质,是每日必须摄入的。注意:

(1)搭配的原则。如动、植物食品的搭配,多品种食物的搭配。

(2)不过量提供的原则。婴幼儿期蛋白质热量占总热量 12%～14%为宜,过多会影响蛋白质正常功能的发挥,造成蛋白质消耗,影响体内氮平衡。

(3)不过少提供的原则。蛋白质提供过少会明显影响生长发育的速度,生化反应下降,抗病能力下降,甚至导致营养不良。结果不仅仅造成生长落后,还会因影响脑细胞发育,造成智力落后。

3. 脂类——细胞膜的成分和能量储备:脂肪是储存和供给能量的主要营养素。每克脂肪所提供的热能为同等重量碳水化合物或蛋白质的 2 倍。机体细胞膜、神经组织、激素的构成均离不开它。脂肪还起保暖隔热,支持保护内脏、关节、各种组织,促进脂溶性维生素吸收的作用。来源于动物和植物的脂肪均为人体之必需,应搭配摄入。每日脂肪供热应占总热量的 20%～25%。

脂类是指一类在化学组成和结构上有很大差异,但都有一个共同特性,即不溶于水而易溶于乙醚、氯仿等非极性溶剂中的物质。通常脂类可按不同组成分为 5 类,即单纯脂、复合脂、萜类和类固醇及其衍生物、衍生脂类及结合脂类。

脂类物质具有重要的生物功能,脂肪是生物体的能量提供者。脂类也是组成生物体的重要成分,如磷脂是构成生物膜的重要组分,油脂是机体代谢所需燃料的贮存和运输形式。脂类物质也可为动物机体提供溶解于其中的必需脂肪酸和脂溶性维生素。某些萜类及类固醇类物质如维生素 A、D、E、K,胆酸及固醇类激素具有营养、代谢及调节功能。有机体表面的脂类物质有防止机械损伤与防止热量散发等保护作用。脂类作为细胞的表面物质,与细胞识别、种特异性和组织免疫等有密切关系。

4. 碳水化合物——生命的燃料:碳水化合物是为生命活动提供能源的主要营养素,它广泛存在于米、面、薯类、豆类及其他各种杂粮中。这类食物每日提供的热量应占总热量的 60%～65%,是人类最重要、最经济的食物。任何碳水化合物到体内经生化反应最终均分解为糖,因此亦称之为糖类。除供能外,它还促进其他营养素的代谢,与蛋白质、脂肪结合成糖蛋白、糖脂,组成抗体、酶、激素、细胞膜、神经组织、核糖核酸等具有重要功能的物质。

纤维素是不被消化的碳水化合物,但其作用不可忽视。纤维素分水溶性和非水溶性两类。非水溶性纤维素不被人体消化吸收,只停留在肠道内,它可刺激消化液的产生和促进肠道蠕动,吸收水分,利于排便,对肠道菌群的建立也起有利的作用;水溶性纤维素可以进入血液循环,降低血浆胆固醇水平,改善血糖生成反应,影响营养素的吸收速度和部位。水果、蔬菜、谷类、豆类均含较多纤维素。

5. 矿物质——生命的使者:矿物质是人体主要组成物质,碳、氢、氧、氮约占人体总重量的 96%,钙、磷、钾、钠、氯、镁、硫占 3.95%,其他则为微量元素,共 41 种,常为人们提到的有铁、锌、铜、硒、碘等。每种元素均有其重要的、独特的、不可替代的作用,各元素间又有密切相关的联系。矿物质虽不供能,但有重要的生理功能:

(1)构成骨骼的主要成分;

(2)维持神经、肌肉正常生理功能;

(3)组成酶的成分;

(4)维持渗透压,保持酸碱平衡。

矿物质缺乏与疾病相关,比如说缺钙与佝偻病;缺铁与贫血;缺锌与生长发育落后;缺碘与生长迟缓、智力落后,等等,均应引起足够的重视。

6. 维生素——生命的火花:维生素对维持人体生长发育和生理功能起重要作用,可促进酶的活力或为辅酶之一。维生素可分两类,一类为脂溶性维生素,包括维生素 A、D、E、K,它们可在体内储存,不需每日提供,但过量会引起中毒;另一类为水溶性维生素,包括维生素 B 族、维生素 C 等,这一类占大多数,它们不在体内储存,需每日从食物补充,由于代谢快不易中毒。维生素 A、D、B、C、E、K,叶酸……各司其职,缺一不可,并能帮助人体对矿物质的吸收起到一定的作用。因此每日补充新鲜蔬菜、水果、肝、蛋黄,适当吃点粗粮,多晒晒太阳,就显得格外必要了。

7.膳食纤维:膳食纤维的定义有两种,一是从生理学角度将膳食纤维定义为哺乳动物消化系统内未被消化的植物细胞的残存物,包括纤维素、半纤维素、果胶、抗性淀粉和木质素等;另外一种是从化学角度将膳食纤维定义为植物的非淀粉多糖加木质素。

膳食纤维可分为可溶性膳食纤维和非可溶性膳食纤维。前者包括部分半纤维素、果胶和树胶等,后者包括纤维素、木质素等。其中苹果胶原作为一种天然大分子水溶性膳食纤维,具有强力吸附、排除人体"辐射物(正电荷物质)"的作用,是人体必需的营养平衡素。它具有独特的分子结构,不能被人体直接消化,从而可以自然吸附的"毒素""负营养""重金属""自由基"等人体内难以自我代谢的有害物质并排出体外,从而达到营养平衡。经常食用苹果胶原可以预防和抑制心血管疾病、肠胃疾病、呼吸道疾病、代谢性疾病和肿瘤等人体的多种疾病。

二、维持生命过程的营养素

营养素来源:科学家研究发现,同类蔬菜由于颜色不同,营养价值也不同。紫茄子含有丰富的维生素P,它能增加微血管壁的抗压能力,改善血管功能,对高血压、皮肤紫癜和易发生出血倾向的疾病患者,有相当裨益。黄色胡萝卜比红色胡萝卜营养价值高,其中除含大量胡萝卜素外,还含有强烈抑癌作用的黄碱素,有预防癌症的功能。

科学家还发现,同一株菜的不同部位,由于颜色不同,其营养价值也不同。大葱的葱绿部分比葱白部分营养价值要高得多,每100克葱白中维生素B1及维生素C的含量不及100克葱绿部分的一半。颜色较绿的芹菜叶比颜色较浅的芹菜叶和茎含的胡萝卜素多6倍,维生素D多4倍。

另外,由于每种蔬菜所含营养素种类和数量各异,而人体的营养需要又是多方面的。所以,在选用蔬菜时除了要注意蔬菜的颜色深浅外,还应考虑多种蔬菜搭配及蔬菜和肉食混吃。

1.含蛋白质较多的食物:动物性食物中以蛋类(鸡蛋、鸭蛋、鹅蛋、鹌鹑蛋)、瘦肉(猪肉、羊肉、牛肉、家禽肉等)、乳类(母乳、羊乳、牛乳)、鱼类(淡水鱼、海水鱼)、虾(淡水虾、海水虾)等含量丰富。植物性食物中以黄豆、蚕豆、花生、核桃、瓜子含量较多,米、麦中也有少量的蛋白质。

2.含脂肪较多的食物:动物油,如猪油、鱼肝油;植物油,如菜油、花生油、豆油、芝麻油。最佳植物油是橄榄油。肉类、蛋、黄豆等也含有脂肪。

3.碳水化合物多的食物:谷类,如米、面、玉米;淀粉类,如红薯、山芋、土豆、芋头、绿豆、豌豆;糖类,如葡萄糖、果糖、蔗糖、麦芽糖;还有水果、蔬菜。

4.含矿物质较多的食物:

含钙较多的食物:豆类、奶类、蛋黄、骨头、深绿色蔬菜、米糠、麦麸、花生、海带、紫菜等。

含磷较多的食物：黄豆、蚕豆、花生、土豆、竖果类、肉、蛋、鱼、虾、奶类、肝脏等。

含铁较多的食物：以肝脏中含铁最丰富，其次为血、心、肾、木耳、瘦肉、蛋、绿叶菜、小白菜、雪里蕻、芝麻、豆类、海带、紫菜、杏、桃、李等。谷类中也含有一定量的铁质。

含锌较多的食物：海带、奶类、蛋类、牡蛎、大豆、茄子、扁豆等。

含碘较多的食物：海带、紫菜等。

含硒较多的食物：海产品、肝、肾、肉、大米等。

5.含维生素较多的食物：

含丰富维生素 A 的食物：鱼肝、牛奶、蛋黄、蔬菜（苜蓿、胡萝卜、西红柿、南瓜、山芋等）、水果（杏、李、樱桃、山楂等）。蔬菜及水果中所含的胡萝卜素，即维生素 A 的前身。

含维生素 B1 较多的食物：谷类、麦麸、米糠、豆类、肝类、肉类、蛋类、乳类、水果、蔬菜等。

含维生素 B2 较多的食物：肝、肾、蛋黄、酵母、牛奶、各种叶菜（菠菜、雪里蕻、芹菜等）。

含维生素 C 较多的食物：新鲜蔬菜、水果和豆芽等。

含维生素 D 较多的食物：鱼肝油、蛋黄、牛奶、菌类。

含叶酸较多的食物：酵母、肝及绿叶蔬菜。

三、食物与营养素的关系

食物中某种营养素的含量高，不一定其营养价值就高，要看它的整体营养素组成及其比例才能确定其营养价值高低。尽管如此，了解一下各种营养素含量较高的食物，对我们还是很有益的，有助于各种食物的合理搭配和重点补充某种特定的营养元素。

动物性食物的蛋白质含量都较高，一般在 20% 左右，植物性食物中，蛋白质含量最高的要数大豆，每百克含 36 克。

脂肪含量最高的动物性食品是猪肉，含 60% 左右，植物性食物是各种油料作物，其中又以芝麻含油最多，达 61%。

糖类含量最高的是各种谷物，其中又以稻米为最高，达 77%，动物性食物中含糖类最高的是羊肝，达 4%。

维生素 B1 含量最高的食物是花生仁和豌豆，每百克分别含 1.07 毫克和 1.02 毫克。

维生素 B2 含量最高的是羊肝、猪肝和紫菜，每百克分别含 3.57 毫克、2.11 毫克和 2.07 毫克。

烟酸含量最高的食物是羊肝和牛肝，每百克分别含 18.9 毫克和 16.2 毫克。

维生素 C 含量最高的食物是鲜枣和辣椒，每百克分别含 540 毫克和 185 毫克。

维生素 A 含量最高的食物是各种动物肝脏和鸡蛋黄，如每百克鸡肝含 50900 国际单位，羊肝含 29900 国际单位，鸡蛋黄含 3500 国际单位。

维生素 D 含量最高的食物是鱼肝油，每百克含 8500 国际单位。

维生素 E 含量最高的是麦胚芽油，每百克达 149 毫克。

虾皮是含钙元素最多的食物,每百克含 991 毫克。

虾皮和全脂牛奶粉是含磷元素最多的食物,每百克分别含有 1805 毫克和 883 毫克。

黑木耳和海带是含铁元素最多的食物,每百克分别含 185 毫克和 150 毫克。此外,猪肝、牛肾和羊肾中含铁量也是很高的。

海带是含碘最多的食物,每百克含 2400 毫克。

生蚝和海蛎是含锌最多的食物,每百克含量达到 71 毫克和 47 毫克。

四、缺乏营养素的各种症状

缺不缺营养,这是很多人关心却不容易判断的问题,其实,身体会有意无意向我们发出种种营养缺乏的信号,提醒我们迅速找出应对之策。

1. 信号:头发干燥、变细、易断、脱发

可能缺乏的营养:蛋白质、必需脂肪酸、微量元素锌。

营养对策:每日保证主食的摄入,以最为经济的手段为机体提供足够的能量。每日保证 150 克瘦肉、1 个鸡蛋、250 毫升牛奶,以补充优质蛋白质。同时可增加必需脂肪酸摄入,每周摄入 2～3 次海鱼,并可多吃些牡蛎,以增加微量元素锌。

2. 信号:夜晚视力降低

可能缺乏的营养:维生素 A。如果不及时纠正,可能进一步发展为夜盲症,并出现角膜干燥、溃疡等。

营养对策:增加胡萝卜和猪肝等食物的摄入。两者分别以植物性食物和动物性食物的形式提供维生素 A,后者吸收效率更高。应注意的是,维生素 A 是溶解于油脂而不溶解于水的维生素,因此用植物油烹炒胡萝卜比生吃胡萝卜更为有效,维生素 A 的吸收效率可大为提高。

3. 信号:舌炎、舌裂、舌水肿

可能缺乏的营养:B 族维生素。

营养对策:洗米、蒸饭等会造成 B 族维生素的大量丢失。长期进食精细米面,长期吃素食,同时又没有其他的补充,很容易造成 B 族维生素的缺失。为此,应做到主食粗细搭配,荤素搭配。如果有吃素的习惯,每日应补充一定量的复合维生素 B 族药物制剂。

4. 信号:牙龈出血

可能缺乏的营养:维生素 C。

营养对策:维生素 C 是最容易缺乏的维生素,因为它对保持条件的要求较为苛刻,光线、温度、储存和烹调方法不适都会造成维生素 C 的破坏或流失。因此,每日应大量进食新鲜蔬菜和水果,最好能摄入 500 克左右的蔬菜和 2～3 个水果,其中,蔬菜的烹调方法以热炒和凉拌结合为好。

5.信号:味觉减退

可能缺乏的营养:锌。

营养对策:适量增加食用贝壳类食物,如牡蛎、扇贝等,是补充微量元素锌的有效手段。另外,每日确保1个鸡蛋、150克红色肉类和50克豆类也是补充微量元素锌所必需的。

6.信号:嘴角干裂

可能缺乏的营养:核黄素(维生素 B1)和烟酸。

营养对策:核黄素(维生素 B1)在不同食物中含量差异很大。动物肝脏、鸡蛋黄、奶类等含量较为丰富。为此,每周应补充 1 次(100～150 克)猪肝,每日应补充 250 毫升牛奶和 1 个鸡蛋。应注意对谷类食品进行加工会造成维生素 B1 的大量丢失,如精白米维生素 B1 保存率仅有 11%,小麦标准粉维生素 B1 保存率仅有 35%,因此主食应注意粗细搭配。而烟酸主要来自动物性食物,特别是猪肝、鸡肝等。

五、营养素之隐性饥饿

隐性饥饿是指机体由于营养不平衡或者缺乏某种维生素及人体必需的矿物质,同时其他成分过度摄入,从而产生隐蔽性需求营养的饥饿症状。营养元素让人体能够正常生长,并确保人体能够完成重要的生理功能。一旦出现不均衡,人体表现出部分成分过剩、部分缺乏,即体现出饥饿症状的营养问题。隐性饥饿需要全民重视。

六、如何选择营养素

如何选择适合自己的营养素呢? 其实,选择营养素的时候,最主要的依据是个人的情况以及需要。在补充营养素之前,首先要确定自己是否真的缺乏某种营养素,最好的方法是到医院和正规的体检单位做一个详细的检查。

如果确实缺乏某种营养素,可以适当地多吃富含相应营养素的食物。如果通过以上手段还不能解决体内营养素缺乏,则应在专业的营养师或者营养顾问的指导下,适当使用营养素补充剂。

选择营养素补充剂的时候要注意:

(1)要选择经过权威部门审批、认可的营养素补充剂。

(2)选择物有所值的产品,不要片面追求高价格。

(3)身体需要什么补什么,不要盲目跟风,要选择适合自己身体情况的营养素。

第四节　高尔夫球健身运动指导

一、高尔夫球健身运动概述

（一）高尔夫球健身运动含义

高尔夫球健身运动具有竞技属性和健身属性。高尔夫球竞技运动，是以"打得更远、推得更准、杆数更少"为目标，不断完善运动技术，最大限度地提高专项素质和运动技术水平，创造优异运动成绩。而高尔夫健身运动，是以行走、挥摆、击打为基本练习手段，以强身健体、休闲娱乐为目的的趣味性运动。两者相互协调、相互促进，共同发展。

高尔夫球竞技运动对场地及其他客观条件要求比较高，目前还是小众运动，但高尔夫健身运动简便易行，基本不受场地及其他客观条件的限制，易于被不同年龄、不同性别、不同收入的人群所接受。

随着社会的进步、经济的发展，高尔夫球的文化现象和产业行为得到快速的发展。高尔夫球运动倡导礼貌、谦让、自律和为他人着想，这正与人们追求和谐美好的愿望相适应。从产业角度看，近几年来，随着高尔夫球赛事活动逐年增多，高尔夫球教育培训与健身娱乐业得到了较快的发展。同时，高尔夫球球具、服饰及辅助用品可谓琳琅满目，成为体育用品销售业的新宠。这都预示着高尔夫球健身运动必将得到大众的广泛认可。

（二）高尔夫球健身运动的特点

1. 增强体质，增进健康

高尔夫球健身运动能够全面发展人体的力量、耐力、柔韧度和灵敏度等素质，也能够提高机体对外界环境变化的适应能力，提高机体对疾病的防御能力，从而达到增强体质、防病健身的目的。青少年参与高尔夫球健身运动，可以强身健体，促进生长发育；中老年人参与高尔夫球健身运动，可以在运动中享受乐趣，改善人体的血液循环与新陈代谢，提高综合防病抗病能力，缓解工作压力，保持精力充沛，提高生命质量。另外，参与高尔夫球健身运动，可以从中学会如何面对困难，战胜挫折，提高心理素质。

2. 根植自然，亲近自然

高尔夫球健身运动是一项根植自然又亲近自然的户外运动。行进在山地、海滨、森林、沙漠等令人赏心悦目的自然环境中，别有一番情趣。即使不在球场，只要置身户外，任意做行走、挥摆、击打等练习动作，也是非常惬意的健身形式。

3. 适应面广，选择性强

高尔夫球运动是终生都可以从事的运动。其内容丰富，形式多样，男女不限，童叟皆宜。项目的练习难度、强度、密度、节奏等，可以根据练习者的不同年龄、性别和身体状况等,进行适当的调节和控制,从而掌握最适宜的运动形式和最合理的锻炼负荷。开展高尔夫球健身练习,可以在球场上,也可以在庭院或室内;可以在开阔的地带用长杆练习全挥,也可以在平坦的地面上用推杆练习推击,还可以随时随地进行徒手练习动作,等等。

4.因地制宜,就近就便

高尔夫球健身运动所需要的器材非常简单,大都可以因陋就简、因地制宜。借助练习器材,如用推杆练习器,可以在室内进行趣味性比赛;在室内或室外的挥杆练习打位上,进行相关技术动作练习;甚至可以在开阔的户外环境中,用石块进行掷准练习,用木棒进行挥摆练习,等等。

高尔夫球健身运动可以单人练习,也可以多人合练,不受人数限制。游戏规则可以自行商定。比如用同一支球杆,进行杆数、远度、准度的比赛。

综上所述,高尔夫球运动是一项适用性较强且健身价值较高的运动项目。随着社会的发展和人民生活水平不断改善,以及人们健身意识的不断增强,高尔夫球健身运动将会得到进一步的发展。

二、高尔夫球健身运动的内容和方法

(一)高尔夫球健身运动的基本方式

1.健身走练习

走是人类最基本的运动方式之一。打一场18洞的高尔夫球需要几个小时,其中大部分时间是在草地上行走。走是每个健康人都具备的运动能力。通过在球场上行走,可以增强心肺功能,减少体内多余脂肪,有效发展肌肉力量和耐力,改善神经系统调节功能,预防心血管疾病。因此加强健身走的练习,既可以锻炼身体,增强体质,也可以改变不正确的走路习惯,塑造健康优美的形体,同时还可以为下场打球提供良好的体能储备。健身走的常规练习方法有平地走、草地走、坡地走和沙地走等。

2.挥摆练习

挥摆是高尔夫球技术的重要组成部分。做挥摆练习时,需要动用全身,特别是下肢、躯干、肩部和上肢等部位的肌肉来完成整个动作。所以,加强挥摆练习,有利于锻炼全身的力量,提高球手的柔韧性和协调性。

挥摆动作应当符合人体解剖学和运动力学规律。正确的挥摆是一种围绕人体纵轴旋转的运动,这个纵轴从头到脚通过身体中心,两臂、两手挥动球杆,肩部、腰部和下肢做充分回旋。挥摆练习既可以在球场上进行,也可在场下徒手或借助于适宜的日常用品进行。

挥摆练习可以采用徒手挥摆、跪地挥摆、扫帚挥摆、浴巾挥摆、夹球挥摆及半挥练习。

3.击打练习

高尔夫球击打动作是全身的整体运动,它通过腰部发力带动上肢将球击出,对躯干及上肢各部位肌肉都会起到锻炼效果。练习者可针对自身特点选择不同的击打方式,提高自身机能水平。同时,良好的击打效果也会使练习者心情愉悦,达到真正意义上的身心健康。

击打练习包括打准练习、打远练习。

(二)趣味性高尔夫球游戏

1. 广场高尔夫球

流行于日本的广场高尔夫球,是一项用木槌击打圆球,逐次击入目标球柱上直径为36厘米的金属圈内,比赛击球次数多少的运动项目。它是既有高尔夫球的乐趣,又不需要复杂场地和用具的普及型运动。

(1)场地规格

一般的运动场、公园和庭院等都可以进行运动,可根据场地的大小增减目标柱的个数。

(2)器材规格

球杆:长83厘米,儿童用长70厘米;球6个(不同颜色);目标球柱上插红旗,并分别配1~8的号码标记;出发点的球垫(上面分别标1~8的号码)。

(3)比赛方法

可采用个人和团体比赛。

2. 辘辘快高尔夫球

辘辘快高尔夫球,是将辘辘快球和高尔夫球结合起来的健身运动项目。辘辘快高尔夫球是一项按一定的路线、用木槌击球通过数门、最后击打目标进行竞争的比赛。它就像我们熟悉的门球,是一种适合男女老幼的大众型运动项目,其比赛方法多样,技术含量较高,深受人们喜爱。

(1)场地规格

可根据场地大小设计分场地的个数。一般在一个分场地中设1~4个门。在一些正规的场地中,同正规的高尔夫球场地一样,设有沙坑、球洞、球道、杂草地、左转弯、右转弯、边界等。

(2)器材规格

木槌,长度和重量无限制;球,直径7.05~9.2厘米,重200克;球门,高35厘米,内侧宽9.4~10.2厘米,亦可根据场地扩宽;目标杆,木制,高45.7厘米。

(3)比赛方法

双方从出发点开始击球,顺利通过各门,或击中门下两端球体,然后击入球洞内,击球次数少的队获胜。

3. 吧嗒吧嗒高尔夫球

吧嗒吧嗒高尔夫球是产生于美国的一种高尔夫球与台球结合起来的运动。在美国有数以千计的吧嗒吧嗒高尔夫球场地,每年还进行全国锦标赛。

(1)场地介绍

由18块大小不同的场地组成,每块场地上设有一个球洞,场地上有凹凸处和障碍物甚至水池等,场地的周围有10厘米左右高的挡板,可以用于反弹击球。

(2)比赛方法

一般由4人一组进行比赛。参赛者从出发点开始击球,直至将球推入球洞,然后第二人开始打击,以此类推。如果在第5打时仍未进洞,则该人的此场地比赛结束,以6打计分。在下一场地比赛时,上一场的打数少者先击球。球出场地时,从出界点的横向一球杆位置击球,加罚1打数。比赛可按总分分胜负,也可按场地的输赢数分胜负。

4.击瓶高尔夫球

击瓶高尔夫球是一种用高尔夫球的木杆击球撞倒保龄球瓶的游戏,流行于日本。

(1)场地介绍

类似于广场高尔夫球的场地,可以设置多个球瓶,根据距离的远近规定标准杆数,按照排定的顺序依次击打球瓶。

(2)规则与高尔夫球很相似

如果在比赛中击中对方的球,则将被击球放回原位,撞击球加一打数,并从落地点退回一杆的距离。如果在一个分场地中超过标准数时,则其得分为标准杆数加一打。最后以打数少的队或个人为胜。

(三)迷你高尔夫球

1.迷你高尔夫球运动的产生与发展

(1)迷你高尔夫球运动的产生

迷你高尔夫球运动是由高尔夫球运动演变而来的。从事高尔夫球运动的人都知道,高尔夫球运动中最后在球洞区的推杆进洞,常常是球手决胜的关键。为了练好推杆进洞的技巧,人们常常故意设置一些障碍来练习,以便在正式的比赛中顺利通过障碍,取得好成绩。渐渐地人们对这种设有专门障碍的"特殊高尔夫球"产生了兴趣。在20世纪30年代,瑞典人哈拉尔德·舍隆德建立了第一个这样的球场。因为全部动作都是推杆进球,所以场地比较小,相对于占地千亩左右的标准高尔夫球场来说,就属于迷你高尔夫球了。也因为占地小,可以设置在城市的任何地方,故也称为城市高尔夫球。

(2)迷你高尔夫球运动的发展

迷你高尔夫球在瑞典诞生了第一个球场后,逐渐从乡村高尔夫球中分离出来,并且发展十分迅速。到了1937年,在迷你高尔夫球的故乡瑞典,建立起了第一个全国性的高尔夫球协会——瑞典城市高尔夫球协会。瑞典人酷爱的迷你高尔夫球,很快成为整个欧洲人喜爱的体育娱乐活动。1963年,国际迷你高尔夫球联合会成立,简称IMF,首任主席为瑞典的琼斯。1993年,IMF改组为世界迷你高尔夫球运动联合会,简称WMF,会长是瑞士人格鲁比,秘书长由德国人麦亚担任。在美国和日本加入 WMF 后,迅速发展到了 23 个成员,打破了地域局限。

从 1959 年起,迷你高尔夫球就开始组织欧洲锦标赛。1972 年出现了迷你高尔夫球运动的国际赛事。1991 年开始出现迷你高尔夫球的世界锦标赛。WMF 的各成员每年大约组织正式比赛 800 场,竞赛活动十分活跃。

2.迷你高尔夫球运动的分类和特点

(1)迷你高尔夫球运动的分类

迷你高尔夫球分为欧洲迷你高尔夫球和美国迷你高尔夫球两种。欧洲的迷你高尔夫球保持着其诞生时的朴素,所有的障碍设置都是围绕着训练高尔夫球球手推杆技术的需要,着重提高障碍难度,而不在于美化障碍的造型。每一个洞区都有不同的障碍,但障碍基本上都是由各种几何形体组成的。洞区尺寸、洞区结构和材料以及洞区三部分(发球区、球道和进洞区)的形状都有统一规定,这有利于按统一的标准和规则进行比赛。因此欧洲迷你高尔夫球也叫作比赛型迷你高尔夫球。事实上,迷你高尔夫球运动的欧洲锦标赛、世界锦标赛以及各国俱乐部之间的对抗赛,已经规定必须在欧洲迷你高尔夫球场上进行。欧洲迷你高尔夫球比赛比较普遍应用的是德国式和瑞典式两种。

美国的迷你高尔夫球虽然最初也是由欧洲传入的,但美国人做了很大的变革和随心所欲的发挥,创造出了以追求娱乐性、趣味性和刻意美化球场的迷你高尔夫球。这种迷你高尔夫球的发球区、球道和进洞区都没有固定的标准,特别是球洞区障碍物和洞区外的装饰物可以千变万化,甚至可以说是千奇百怪。美国迷你高尔夫球以全新的娱乐概念吸引着许多球迷,但这种球场因为缺乏统一的标准,很难开展俱乐部之间的比赛,洞区障碍形式不固定,比赛规则很难统一。

(2)迷你高尔夫球运动的特点

①迷你高尔夫球是高尔夫球运动的浓缩。

②球场占地面积小。

③营建迷你高尔夫球场的条件没有严格要求,占地面积可大可小,场地形状及地面起伏没有特定的要求,可以因地制宜。

④形式风格多样。迷你高尔夫球场可以做成园林式、庭院式、球场式、屋顶花园式或室内模拟自然环境式。

⑤迷你高尔夫球的运动技法相对简单。迷你高尔夫球只能用推杆完成击球。

3.迷你高尔夫球运动的比赛方式

(1)比洞赛

比洞赛是在规定一轮(委员会另有规定时除外)中双方洞数的对抗赛。比洞赛是以每洞决定胜负的。除规则另有规定外,以最少的击球次数击球入洞的一方为该洞的胜者。

比洞赛中,当一方领先的洞数多于待打洞数时,则该方获胜。

如果出现平局,委员会可规定增加洞数直至决出胜负为止。

(2)比杆赛

以最少的击球次数打完规定一轮或数轮的比赛。

(3)三人二球赛和四人二球赛

在三人二球赛或四人二球赛中,伙伴球手必须交替从发球区开球,而且在各洞的打球过程中也必须交替打球。

(4)四球比杆赛

在四球比杆赛中,两名比赛者作为伙伴打球,各打自己的球。伙伴中最低的分数为该洞的分数。如果一名伙伴没有完成一洞的打球,则不受处罚。

(5)柏忌比赛、帕波基比赛和定分式比赛

柏忌(bogey,高于标准杆一杆)比赛、帕(par,标准杆)比赛和定分式(stable-ford)比赛,是以各洞所定的分数为对象,以比杆赛的形式进行的比赛。

三、高尔夫球健身运动的原则

高尔夫球健身运动的原则事实上与其他运动项目的健身原则没有本质区别,它是人们在长期的身体锻炼实践中不断总结形成的,是健身运动客观规律的反映。

(一)从实际出发原则

从实际出发原则,是指高尔夫球健身运动要把主观意识与客观因素结合起来,合理确定锻炼身体的目的、内容、方法和运动负荷。第一,要区别不同性别、不同年龄以及不同体育基础的人群,在锻炼身体的目的、选择锻炼的内容和方法、安排运动负荷等方面有所区别。第二,要充分考虑外部环境和客观条件,包括地区、季节和气候的变化情况、场地器材条件以及环境卫生状况等,选择合适的时间、地点、内容和方法,控制好运动强度和密度。

(二)循序渐进原则

循序渐进原则,是指锻炼身体的内容、方法和运动负荷的安排应该有合理的顺序,不可急于求成。第一,锻炼身体内容和方法、每次运动的负荷和每周锻炼的次数等,都要做到循序渐进。第二,高尔夫球健身运动不等同于高尔夫球训练,运动的密度和强度不必要求达到或接近极限。

(三)经常性原则

经常性原则,是指健身锻炼者要根据自己所确定的近期和远期锻炼目标,有计划、持续不断地参加健身活动。第一,有规律地坚持锻炼身体,每周锻炼的次数应因人而异,且负荷不易过大,以不影响下次锻炼为准。第二,把健身活动纳入作息制度中,使之成为日常生活内容的组成部分。形成了习惯,锻炼身体也就比较容易坚持。

（四）全面锻炼原则

全面锻炼原则，是指健身锻炼者要坚持从人的全面素质出发，发展身体的各部位、各器官系统的机能和各种身体素质与基本活动能力。第一，要着眼于身心全面发展。高尔夫球健身活动的内容和方法是多种多样的，应该选取一些功效大、趣味性强的内容和方法作为锻炼手段，这样在提高身体素质和生理机能的同时，也能享受高尔夫球运动带来的愉悦和美感。第二，要充分利用自然环境锻炼身体，不断提高适应外界环境变化的能力，并把提高环境适应能力作为健身活动的重要任务之一。第三，要注意多做全身的运动，不要仅限于局部的锻炼。

（五）安全性原则

高尔夫球健身运动的目的是促进健康、增强体质，如果在健身锻炼中发生了伤害事故，就违背了高尔夫球健身运动的根本目的。因此，安全是健身、娱乐的前提。高尔夫球健身运动的内容、规则、形式、服装、场地、器材和季节气候等一切主客观因素，都应保证参与者自始至终都在安全环境中进行安全活动。同时，练习者要强化自我保护意识，按照高尔夫球健身练习的安全规范进行练习。

第五节　高尔夫球运动常见运动损伤及处理方法

在体育运动过程中所发生的各种损伤统称为运动损伤。运动损伤与一般的工伤或日常生活中的损伤有所不同，它的发生与运动项目、训练安排、运动环境、运动者的自身条件以及技术动作有密切的关系。

运动损伤会对运动员造成非常严重的影响，不仅影响正常的训练、比赛，妨碍运动成绩提高，减少运动寿命，严重的还可能引起残废甚至死亡。对体育健身参与者来说，也将影响其健康、学习和工作，对其造成不良的心理影响，妨碍体育健身的正常开展。

因此，在高尔夫球运动中，我们应了解和掌握高尔夫球运动中常见的运动损伤的产生原因、预防与处理方法，切实做好预防工作，最大限度地减少或避免运动损伤。

一、肌肉拉伤

肌肉拉伤是指由于肌肉的猛烈收缩或被动牵伸超过了肌肉本身所能承担的限度，而引起的肌肉组织损伤。据统计，腰部扭伤是业余高尔夫球手最常见的运动伤害，其比例约为35％。

1. 产生的原因

准备活动不充分，发力过猛，训练水平不够，柔韧、力量、协调性差，生理结构不佳。

2. 处理方法

（1）停止运动。

(2)冷敷、加压包扎、抬高患肢等。

(3)24小时后,外敷新伤药、痛点注射、理疗等。

(4)肌纤维大部分断裂或肌肉完全断裂者,经处理后,尽快送医院处理。

3.预防

(1)保持肌肉的力量和柔韧性。

(2)运动前进行适当的热身。

(3)避免过度运动。

(4)掌握正确的技术动作。

二、关节韧带拉伤

关节韧带拉伤是指在间接外力作用下,使关节发生超范围的活动而引起的关节韧带损伤。

1.产生的原因

准备活动不充分,场地湿滑,器材使用不当,技术掌握不好,协调性差,关节周围肌肉力量小,生理结构不佳,疲劳导致体力不足。

2.处理方法

(1)停止运动。

(2)冷敷、加压包扎、抬高患肢等。

(3)24小时后,外敷新伤药、痛点注射、理疗等。

(4)韧带完全断裂者,应及时送医院进行手术缝合处理。

(5)及早进行功能锻炼。

3.预防

(1)保持肌肉的力量和柔韧性。

(2)运动前进行适当的热身。

(3)避免过度运动。

(4)掌握正确的技术动作。

(5)提高自我保护能力。

三、肌肉痉挛

肌肉痉挛主要表现为腿和腹部的疼痛和抽筋现象。

1.产生的原因

经常在冷的地方锻炼,喝冷饮料,不做伸展运动和按摩,不喝盐水会使痉挛情况更严重。

2.处理方法

(1)停止运动,休息。

(2)改卧为坐,伸直抽筋的腿,用手紧握前脚掌,忍着剧痛,向外侧旋转抽筋的那条腿的踝关节,剧痛立止。

3.预防

(1)注意保暖。

(2)运动前热身。

(3)合理饮食。

四、运动腹痛

运动腹痛是指在运动过程中,由于肝脾瘀血、呼吸肌痉挛或胃肠痉挛引起的腹部疼痛。

1.产生的原因

(1)肝脾瘀血,为慢性腹部疾病。

(2)呼吸肌痉挛(准备活动不够,肺透气低,运动和呼吸不协调)。

(3)胃肠痉挛(运动前吃得过饱,饭后过早运动,空腹或喝水太多)。

2.处理方法

(1)用手按压腹痛部位,或弯腰慢跑一段距离,一般腹痛可以减轻或消失。

(2)运动中出现腹痛不要惊慌,应当减速慢跑,加强深呼吸,调整呼吸和运动节奏。

3.预防

(1)运动前做好健康检查。

(2)遵守科学训练原则,循序渐进地增加运动负荷,加强身体综合训练,提高心肺功能。

(3)充分的准备活动。

(4)合理安排运动与饮食,运动前不能吃太饱或饮水过多,饭后1.5~2小时才能进行剧烈运动,不能空腹参加剧烈运动。

(5)运动中注意呼吸节奏,避免呼吸肌疲劳或痉挛。

(6)夏季运动要适当补充盐分,以免水盐代谢失调。

五、胫腓骨骨膜炎

1.产生的原因

练习方法不当,地面不平,小腿的肌肉发展不平衡,突然的压力。

2.处理方法

(1)减少或停止下肢的跑跳练习。

(2)弹力绷带包扎,并抬高患肢。

(3)局部热敷、按摩、针灸、理疗等。

3. 预防

(1)合理安排运动量,注意改进训练方法。

(2)避免在坚硬的地面上进行过多跑跳练习。

(3)要及时消除小腿部的肌肉疲劳。

六、运动疲劳

1. 产生的原因

训练方法不对,不循序渐进,运动量过大、训练时间过长、休息不充分等。

2. 处理方法

调整锻炼计划,运动量需循序渐进,进行系统训练、全面训练。

3. 预防

安排合理的训练时间、计划,注意劳逸结合。

七、颈椎疾病

1. 产生的原因

练习方法不当,颈部运动过多而疲劳损伤。

2. 处理方法

注意休息,按摩,洗热水澡。

3. 预防

学习正确的动作技术,颈部运动不要过多。

八、腰肌劳损

1. 产生的原因

练习方法不当,急于求成而致疲劳损伤。

2. 处理方法

注意放松休息,按摩,洗热水澡。

3. 预防

学习正确的动作技术,不急于求成。

九、肌腱、小腿肌痛

1. 产生的原因

经常提脚跟。

2. 处理方法

注意放松休息,按摩,洗热水澡,伸展练习减轻疼痛等。

3.预防
运动前后的准备活动和放松要多伸展肌腱、小腿肌。

十、半月板症

1.产生的原因
一般由过度膝部动作、跑步造成,常会有"咔"的响声。
2.处理方法
注意休息,按摩,洗热水澡。
3.预防
减少过多的膝部动作,减少转体、跳等撞击动作。

十一、足底筋膜炎和神经刺痛

1.产生的原因
足底频繁压力过大,脚的生理结构不好,鞋子问题。
2.处理方法
注意放松休息,辅以适当按摩、洗热水澡。
3.预防
准备活动要充分,包括脚部的准备活动。

十二、关节炎、黏液囊炎

1.产生的原因
过度训练导致软骨磨损,使关节肿大、水肿。
2.处理方法
休息和看医生。
3.预防
准备活动要充分,提高关节的稳定性和灵敏性,加强保护和自我保护。

知识拓展

运动锻炼健康小常识

1.只要空气质量好,选择室内外运动均可。室外运动最好选择平坦的硬地。
2.慢跑不可缺少一双专业跑步鞋。

3. 运动中自测运动强度。锻炼时"和自己谈话",如果能够用正常的节律说完整的句子,且能保持呼吸匀畅,说明处于有氧运动状态,如果气喘吁吁说明身体缺氧,就应放慢速度。

4. 运动前先测试运动强度。有氧运动时运动强度是否合适可看最大运动心率和心跳训练带,心跳训练带即为适当锻炼强度下的合理心跳范围。最大心率＝220－年龄;心跳训练带:最大心率的 60%～85%。

5. 锻炼后通过查脉搏监测心率。锻炼一停止即刻查脉搏,一般查脉搏的时间为 6 或 10 秒钟,然后将所查脉搏次数乘以 10 或 6,即可得出心率。如果测得的心率低于或高于心跳训练带,则要调整有氧运动的强度。

6. 锻炼应处于匀速的运动状态。有氧锻炼每周 6 次为宜,如果以减肥为目的,每周不应少于 5 次。如果进行走步等低强度有氧运动,每天的锻炼时间不应少于 1 小时;如果参加以减肥为目标的跑步,每天的锻炼时间不应少于 30 分钟。锻炼时不可时快时慢、时动时停,整个锻炼都应处于匀速的运动状态。

7. 不可用延长每次锻炼时间来减少锻炼频率。锻炼频率过少不利于肌肉内脂肪燃烧系统的建立,不能使脂肪燃烧酶充分活跃。脂肪的燃烧能力并非一天可得,一次持续长时间锻炼也容易损伤身体。

8. 从未锻炼过的人及肥胖的人,锻炼的最佳时长应为 30～60 分钟。三餐后均可,但不要选在饭前,否则容易感觉饿。运动中若感觉饿,就要吃东西,可吃些水果或喝些低脂牛奶、豆浆等饮品,防止出现低血糖。

9. 不要和比自己运动能力强的人一起锻炼。运动强度因人而异,如果硬要跟别人看齐,往往人家在做有氧运动,而你在做无氧运动。

10. 不要为了锻炼而锻炼。当身体有病,如感冒、发烧时硬要坚持锻炼,病态的身体往往不会做有氧运动,而且对身体十分不利。此时应停止锻炼,充分休息。严重失眠、浑身乏力时也不宜运动。而任何工作忙、家务繁重、社会活动多都不是停止锻炼的理由。

学以致用

1. 何为健康? 体育与健康有什么样的关系?

2. 对照体质健康标准,你将从哪些方面进行锻炼?

第二章　高尔夫球运动概述

应知导航

　　高尔夫球是一项古老的贵族运动,起源于 15 世纪的苏格兰,迄今为止已有 500 多年历史。英国最早成立了名为"绅士高尔夫球社"的俱乐部,1755 年又成立了"皇家高尔夫球俱乐部"。这两个俱乐部对苏格兰高尔夫球运动的发展起到了巨大的推动作用,它们制定了高尔夫球运动的规则,并由此将当初牧羊人消磨时光的民间休闲游戏发展成为当今世界上风行的体育运动项目之一。

第一节　高尔夫球运动的起源与发展

一、高尔夫球运动的起源

　　关于高尔夫球的起源问题,长期以来一直是一个有争议的问题。各国各抒己见,引经据典,众说纷纭,使得这一问题有了很多古老而神奇的传说,因而为高尔夫球运动增添了一些朦胧的色彩。

　　实际上,世界上大部分研究者在探讨高尔夫球运动的起源时,都将其与欧洲的其他休闲娱乐活动联系起来,试图从中找出一种可能是高尔夫球运动前身的运动形式(图 2-1)。有人认为,"golf"一词源自葡萄牙的"kolf",它与德国的"kolbe"和丹麦的"holbe"有关意思也相近;有人认为是古罗马人将一种类似高尔夫球的运动,也就是名叫 Paganica 的游戏带到了早期的欧洲和英国;有人认为是智利印第安人将这项运动传入欧洲;也有人则认为它是由法国的 jeu de mail(槌球)游戏或荷兰的 kolven 球(一种在长 18 米、宽 6 米的室内和冰地玩的游戏)演变而来的。但是,流传最广,得到众人认可的是关于高尔夫产生于 15 世纪或更早的苏格兰的说法。相传,苏格兰的牧羊人在放牧时,偶然用一根棍子将一颗石子击入兔子洞穴中,牧羊人从中得到乐趣和启发,便发明成游戏,供

图 2-1　欧洲早期高尔夫球运动

闲暇无事时娱乐,以击打入穴计胜负。总之,在 15 世纪初,几乎还没有任何有关高尔夫球方面的记载。

　　根据现有资料,高尔夫球运动最早的文字记载出现在苏格兰。1457 年 3 月,苏格兰国王詹姆士二世颁发了一项"完全停止并且取缔高尔夫球"的法令,因为这项消遣性极强的运动妨碍了苏格兰正常的军事射箭演练,而作为苏格兰"国术"的射箭是当时最重要的军事演练活动。

　　实际上,早在苏格兰人打高尔夫球之前,在中国也曾流行过类似高尔夫球的以杆击球的游戏。12 世纪,中国曾流行一种称为"捶丸"的游戏(图 2-2)。捶丸,顾名思义,捶者打也,丸者球也,是我国古代游戏之一。它的出现与盛行于唐代的球类活动有密切关系。唐代,除了足踢的蹴鞠,骑马杖击的马球外,还出现了一种拿球杆徒步打的球类游戏,叫作"步打球"。玩时分队,用杆击球,以球入对方球门为胜,唐代王建《宫词》第十三首中的"寒食宫人步打球"即指此而言。唐代的这种步打球至宋代遂形成又一种新型的球类游艺,这就是捶丸。元世祖至元十九年(1282 年),出现了一部署名宁志斋老人编写的专门论述捶丸的著作——《丸经》。根据《丸经·集序》中"至宋徽宗、金章宗皆爱捶丸"的记述,可知捶丸形成期的下限至晚在北宋徽宗宣和七年(1125 年)。当时,连儿童也非常喜爱捶丸活动。如北宋官吏滕甫,幼时"爱击角球",他的舅父是当时有名的文人范仲淹,"每

图 2-2　中国早期捶丸活动

戒之不听"。这里所说的角球,就是用角骨制成的球,不易击碎。这一运动在其发展史上曾大盛于宋、金、元三代,上至皇帝大臣,下至三教九流,皆乐此不疲。这在宋元散曲、杂剧中均有形象的反映。

最形象、最完整地反映当时捶丸活动情形的,是现存于山西省洪洞县广胜寺水神庙壁画中的元代捶丸图。图中,于云气和树石之间的平地上,两男子着朱色长袍,右手各握一短柄球杖。左一人正面俯身作击球姿势,右一人侧蹲注视前方地上的球穴,稍远处有二侍从各持一棒,棒端为圆球体,居中者伸手向左侧击球人指点球穴位置。它是元代民间捶丸活动的真实反映。关于捶丸的活动方式和特点,在其盛行不久即有人进行了总结和研究。在前引《丸经》一书中,作者追述了捶丸的发展历史,对捶丸游艺的场地、器具、竞赛规则以及各种不同的击法和战术等,作了全面系统的总结和记述。不过,捶丸经过了宋辽金元以至明代的发展繁荣后,于清代趋向衰落。所见的只是盛行于妇女、儿童间简单的捶丸活动了。

总之,尽管人们对于高尔夫球运动的起源莫衷一是,但是人们今天见到和参与的高尔夫球运动却有着浓重的苏格兰味。

首先,高尔夫球运动的名称(Golf)便是来自苏格兰的方言(Gouf),意为"击、打"。而且高尔夫球场无论建在世界何地,均必须仿照最初玩高尔夫球的苏格兰特有的生长着草丛的海边沙地进行铺设,既要有平坦的沙滩和葱绿的草皮,又要有一定的起伏和沟壑溪流。设在海滨的现代高尔夫球场仍袭用苏格兰语的称谓,称球场为林克斯(Links)。其次,世界上第一家高尔夫球俱乐部设立在苏格兰的爱丁堡,最有名气的高尔夫球俱乐部——圣·安德鲁斯皇家古代高尔夫球俱乐部(The Royal and Ancient Golf Club at St. Andrews)设在苏格兰(图 2-3)。世界上第一家女子高尔夫球俱乐部也建于苏格兰。此外,高尔夫球运动最初的规则是由苏格兰的爱丁堡高尔夫球俱乐部制定的。

图 2-3 圣·安德鲁斯皇家古代高尔夫球俱乐部

二、高尔夫球运动的发展

高尔夫球运动自从 500 多年前在苏格兰的圣·安德鲁斯风行之后,至今已走过了一段漫漫长路。在 15—16 世纪,这项运动得到不断发展。不过,当时使用的高尔夫球只是一种非常粗糙的圆形木球。到了 17—18 世纪,高尔夫球运动仍持续发展,其中一个比较重大的变革是新型高尔夫球的发明。人们用一种新型的羽毛制球替代了老式的木制高尔夫球,这种球用羽毛作芯、皮革作外壳缝制而成,可以飞行很远的距离,甚至可以达到现今高尔夫球的某些指标。但它也存在着一些缺点:在使用一段时间后会变形,飞行能力会降低,并且沾水后容易开裂,常导致球在飞行中破裂,羽毛满天飞扬。由于是手工制作,工艺难度大,既费时又非常昂贵。不过,它的问世还是极大地推动了高尔夫球运动的发展。这种新型的羽毛制球统治了高尔夫球运动长达 225 年之久。

从 18 世纪开始,高尔夫球运动传入北美。1788 年,美国南卡罗来纳州的地方性报纸上出现了有关当地高尔夫球的报道;1795 年美国成立了第一家高尔夫球俱乐部。而在此前,英国最早的高尔夫球俱乐部——绅士高尔夫球社已经宣布成立,1755 年又成立了"皇家高尔夫球俱乐部",即现在的"圣·安德鲁斯皇家古代高尔夫球俱乐部"。这两个高尔夫球俱乐部对苏格兰高尔夫球运动乃至世界高尔夫球运动的发展均起了重大的促进作用,它们是制定高尔夫球运动规则的鼻祖。

19 世纪 50 年代末出现了"橡胶球"。这种球是用类似橡胶的杜仲胶制成。初为实芯,后以固体物质或液体作芯。这种球具有良好的耐磨性,价格也比羽毛制球便宜,外壳可以利用模具加工制造,飞行状态良好。因此,这种球受到了当时高尔夫球界的普遍欢迎,并很快就取代了羽毛制球。与此同时,高尔夫球运动开始向世界各地扩展。

到了 20 世纪,高尔夫球运动迎来了新的纪元,高尔夫球具的革新、比赛规则与制度的建立、国际性赛事的开展以及高尔夫球场管理水平的提高,都极大地促进了高尔夫球运动的发展,也为这项古老的运动注入了新鲜的血液和活力。

1920 年,用橡胶取代杜仲胶作为高尔夫球芯,又一次改进了高尔夫球的飞行性能,增加了这项运动的可打性。

20 世纪 60 年代和 80 年代,世界范围内两度出现兴建高尔夫球场的繁荣时期。这是继 19 世纪 60 年代高尔夫球场第一次兴建高峰之后,历史上的第二个和第三个球场兴建的繁荣时期。

国际性赛事的开展极大地促进了高尔夫球运动的普及,英国公开赛、业余锦标赛,美国公开赛、业余锦标赛,高尔夫球精英赛,世界杯等赛事的开展,为不同国别的球手创造了同场竞技的机会,使这项地区性的体育运动走向了全球。在现今高尔夫球运动热潮中,世界超级球星的收入达到了惊人的地步,各种比赛的奖金额超过 100 万美元的巡回赛和大奖赛比比皆是。1997 年,作为高尔夫球世界四大巡回赛之首的美国 PGA 巡回赛总奖金已达 7520 万美元。

1894 年,苏格兰约有 30 个球场,英格兰却仅有 3 个球场,但到了 1900 年,英国已有 2000 个球场,其中大部分位于南岸。在 19 世纪下半叶,英国打高尔夫球的人数众多,但在第二次世界大战后,美国人开始在这一项目上显示出强劲的实力,并树立了其在高尔夫球坛上的霸主地位,直至现在。国际高尔夫球比赛以前只允许职业球手参赛,但是从 1965 年的英国公开赛起,业余球手被允许参加比赛,这对于高尔夫球运动在全世界的发展,起到了很大的推动作用。

第二次世界大战后,世界各国经济的发展在很大程度上推动了高尔夫球运动的快速发展,此时期的高尔夫球运动流行于美国、日本及欧洲各国,并迅速向世界其他地方蔓延,参加这项运动的人数急剧增加,高尔夫球场的数量也飞速增长。

美国作为高尔夫球的王国,从 1945 年到 1970 年间,其高尔夫球场数目从原来的 6000 个急增达到 12000 个。职业比赛的奖金额也急剧增加。参加高尔夫球运动的人数在 1975 年猛增至 1600 万。至今美国已经拥有 20000 多个高尔夫球场。据估计,现在美国从事高尔夫球运动的人数已达到 2400 万,而用于高尔夫球运动方面的开支已经从 1986 年的 57 亿美元上升到目前的 200 亿美元,为各项体育运动中开支比率增长最快的球类项目。同时,美国也是最早实现高尔夫球运动平民化的国家。美国每年要承办世界高尔夫球坛四大赛中的三大项,是举办高尔夫球比赛最多的国家。在英国,目前拥有 2000 多个高尔夫球场;日本、澳大利亚、南非、西班牙、瑞典等国家的高尔夫球运动也得到了很大的发展。日本在 1974 年时拥有高尔夫球场 1400 多个,现已经达到 2000 多个,打球人数突破 1000 万,平均每 12 个人中就有 1 人打高尔夫球。人口稀少的加拿大有 1600 个球场。仅有 1500 万人口的澳大利亚,有 1400 多个高尔夫球场。800 万人口的瑞典建造了 500 个高尔夫球场。人口仅 500 万的丹麦有高尔夫球场 300 多个。法国年投入资金 1 亿多法郎用来建设高尔夫球场,打球者 25 万余人。高尔夫球在这些国家已经是一项非常普及的运动,在公共球场上打球的费用非常低,与其国家的收入比较,在美国公共球场上打一场球的费用就像在我国打一场乒乓球的费用。德国的收费亦仅相当于一张电影门票的价格。

20世纪后期,世界高尔夫球运动逐渐向亚洲转移,尤其是亚洲"五小龙"经济的迅速发展,使得高尔夫球运动得到了很大的发展。泰国建成了上百个高尔夫球场。韩国自80年代末至90年代初,高尔夫球人口每年以15%~20%的速度增长,至1997年已增至200余万人,约占全国总人口的5%。球场数量的增加为更多的人参与这项运动提供了方便,也使这项被称为贵族运动的体育与休闲活动逐步走入现代普通人的生活。此外,高尔夫球运动的发展与高尔夫球运动技术的变迁,高尔夫球运动器材的日益进步及各种传媒(如电视、杂志等)的发展是息息相关、密不可分的。除球的演变之外,球杆的材料、质地、型号以及手感等方面的日新月异的变化有效地促进了技术的改革和这项运动的推广。新材料发明及制作技术的提高是使得球杆改进的两大因素。最初的木质球杆弹性较差,而且还容易折断,如今是不锈钢碳纤维及钛金属等高科技材料的天下,球杆结构设计也更加科学精确,更有弹性,从而使力的传导在击球瞬间几乎达到了完美的顺畅程度。

同时,随着高尔夫球运动的发展,除了球和球杆之外,还逐渐产生了各种各样的高尔夫球运动辅助器材和服饰。总之,随着现代科技的不断发展和新材料的改进,新结构的球、球杆及各种器材、设备的不断涌现,以及人们思维的不断进步,高尔夫球运动水平将会越来越高,球场上的竞争也必将愈来愈精彩。

第二节　高尔夫球运动在中国

尽管中国在古代有过类似高尔夫球运动的"捶丸"游戏,但现代高尔夫球运动在中国的发展与世界高尔夫球运动相比,则显得相对缓慢和滞后。1896年,中国上海高尔夫球俱乐部成立,标志着这项已有几百年历史的运动进入中国。1931年,"高尔夫球"游戏在上海流行。同年,中国、英国、美国的商人合办高尔夫俱乐部,在南京陵园中央体育场附近开辟高尔夫球场。

20世纪80年代,高尔夫球运动重新进入中国。1984年,中国大陆的第一家高尔夫球俱乐部在广东中山诞生。此后在北京及沿海地区陆续兴建了30多个高尔夫球场。1985年5月,中国高尔夫球协会在北京成立。经过30多年的发展,中国高尔夫球运动大有赶超世界强国的势头,目前国内已开业的球场达700余家,高尔夫球人口约为100万人。在台湾,目前也已拥有了80多个高尔夫球场。涌现出像张连伟、梁文冲、冯珊珊、关天朗等一批优秀的职业球手。同时高尔夫球产业得到迅猛发展,在改善投资环境、吸引外商投资、促进经济发展、提高国民素质、提供就业机会、上缴国家税收等方面做出了显著的贡献,并带动了球具制造、服装生产、草坪机械、赛事运作、高球旅游、房地产开发、人才培养、高球传媒、文化与艺术品等相关行业的发展。总之,随着社会的发展、人们生活水平的提高和消费观念的转变,高尔夫球运动会渐渐被越来越多的中国人所接受,参加这项运动的人也将会大幅度地提高技术水平。

中国高尔夫球是一个方兴未艾的产业,随着中国改革与开放的不断深入,国外投资者也越来越看好中国的高尔夫球市场前景,日本、韩国等地的投资者率先步入了中国高尔夫球市场。近年来,国内的企业及投资者开始跻身于这一领域,特别值得一提的是,北京航空材料研究院研制生产的 BIAM 高尔夫球具已成功地打进国际市场,预示着中国将在世界高尔夫球大产业中占据一席之地。

国际性赛事在中国举办和中国球手对国际及地区高尔夫球赛事的参与是促进高尔夫球运动在中国不断发展的重要因素。1986 年 1 月 25 日至 26 日,"中山杯"职业、业余球手混合邀请赛,在中山市温泉高尔夫球场举行。这是中国首次举行的国际性高尔夫球赛。自 1986 年开始,中国高尔夫球协会开始举办每年一届的"中国男子业余高尔夫球公开锦标赛",至今已举办了 30 届;自 1988 年开始,举办每年一届的"中国女子业余高尔夫球公开锦标赛",至今已举办了 28 届。通过这些比赛,有效地促进了中国高尔夫球运动水平的提高。目前,我国国内的高尔夫球竞赛活动越来越多,如 1998 年国家体育总局小球运动管理中心纳入计划的竞赛活动有:高尔夫球春季全国职业挑战赛;全国高尔夫球业余公开赛;全国职业高尔夫球挑战赛;国际职业高尔夫球逐洞赛;全国青少年高尔夫球锦标赛;全国青少年高尔夫球夏令营;全国职业高尔夫球精英赛;全国业余高尔夫球锦标赛;全国职业高尔夫球比洞锦标赛等。

为了推动我国的高尔夫球职业化进程与世界接轨,1994 年,经国家体委批准,中国高尔夫球运动走向了职业化道路。1994 年 4 月,中国高尔夫球协会主持了职业高尔夫球球手资格考试,产生了 5 男 1 女中国第一代职业高尔夫球球手,这标志着中国高尔夫球运动已经进入了一个新的时代。1994 年日本广岛亚运会,中国球手张连伟获得高尔夫男子个人赛银牌,林丽茹、黄丽霞获得女子团体赛铜牌。目前,我国已有数百名职业高尔夫球球手。1995 年第一届"沃尔沃中国公开赛"在北京国际高尔夫俱乐部举行。自 1995 年起,中国高尔夫球协会举办过多次国际性赛事,如高尔夫球巡回赛、沃尔沃高尔夫球公开赛、中国高尔夫球男子业余球手公开赛等,这些赛事的举办吸引了国外很多高尔夫球高手的参与,为提高中国高尔夫球运动水平和推动这项运动的发展起到了很大的作用。自 20 世纪 80 年代以来,中国球手逐渐涉足于国际和区域性高尔夫球赛。1986 年,我国派出了第一支仅有一年高尔夫球龄的球队参加了汉城亚运会,并取得了较好的成绩。在其后的三届亚运会中,中国球手都组团参加了高尔夫球比赛。1996 年 11 月,张连伟与程军代表中国队打进高尔夫球世界杯总决赛前 20 名,并获得直接进入下届世界杯总决赛的资格。这被视为起步仅十几年的中国高尔夫球运动的一大突破。

中国的高校也在积极地推广和普及高尔夫球,1995 年,深圳大学成立高尔夫学院,是我国第一所开办高尔夫专业的学校。2003年,华南理工大学首开高尔夫球公共选修课。到目前为止,全国有一百多所高校开设高尔夫专业课或高尔夫公共选项课。

中国的高尔夫球运动虽然起步较晚,但进步很快。目前,中国高尔夫球协会已对原有的国内高尔夫球公开锦标赛制进行改革,使之成为业余球手的公开赛和职业球手的锦标赛,让更多的高尔夫球手有更多的机会参与这项运动,以推动其普及和发展。

世界高尔夫球界正以极大的兴趣和热情,注视着我国高尔夫球运动的发展。正如球王盖瑞·普莱耶所说的:高尔夫球对中国是最重要的运动,它跟其他运动不一样,因为他所带动的经济效益是庞大的。由高尔夫球运动所带动的投资动辄以数亿元计,而一个球场又可提供上百个甚至更多的就业机会。高尔夫球运动除了健身、竞技、休闲和娱乐外,也是一项社交、公益和增进友谊的高雅文明活动。根据有关资料统计,国际上一些重要的政治、经济活动,捐款给公益事业,社会福利,商贸谈判,签订协议、合同等在高尔夫球俱乐部进行和完成的屡见不鲜。

随着经济的发展和社会文明程度的不断提高,2016年高尔夫球回归奥运大家庭,中国的高尔夫球运动必定会迅速发展和普及。相信不久的将来,高尔夫球运动终将褪去贵族的外衣,回归体育的本原,成为大众化的一项运动。

第三节　高尔夫球运动对当代大学生的教育价值

一、提升礼仪气质修养,塑造人格素质

高尔夫球运动是一项有着严格、细致礼仪规范的绅士运动,从运动着装到整个打球过程中,都体现高尔夫的礼仪和球手的气质修养。礼仪是高尔夫绅士风度的最基本和最直观的体现。高尔夫是所有体育项目中最注重礼仪、最具礼仪教化功能的运动,学习高尔夫对于当代大学生提高气质修养、提升礼仪水平具有很高的价值。

孔子的"礼、乐、射、御、书、数",礼为六艺之首。从古时起中国就有礼仪之邦的美誉,中国的文人学者也被称之为知书达礼之人,但不知从何时起,中国人发现我们满腹经纶的天之骄子竟然被人指责没有礼貌没有教养,礼仪教养的缺失已经成为相当一部分大学生的素质软肋。而高尔夫球运动可以以一种大学生乐于参与的方式潜移默化地塑造良好的礼仪修养,提升大学生人格素质。

二、培养诚实守信,遵守规则的人格素质

与许多其他运动项目不同,高尔夫球运动大多是在没有裁判员监督的情形下进行的。这项运动依靠每个参与者主动为其他球手着想和自觉遵守规则的诚实和信用。不

论对抗多么激烈,所有球手都应当自觉约束自己的行为,在任何时候都表现出礼貌谦让和良好的运动精神。这就是高尔夫球运动的精髓所在。

高尔夫因为是在大片不规则的户外场地进行运动,还有树木、沙坑、湖泊等自然或人工的障碍,打出的球飞到任何地方、处于任何状况的都有,如何处理球都是有严格的规则规定的,这都必须依靠球手自律自觉地遵守和执行规则。很多初学高尔夫的人会觉得打高尔夫作弊很容易,比如趁人不注意把球踢到更好打的地方,或试挥时故意往前碰一下球,或抛球时找个容易击打的区域随便一扔等,这些小动作在球场上并不鲜见,但这都是高尔夫所不齿的行为,这样做也就失去了尊严、荣誉和打高尔夫的乐趣。

目前我们的社会缺乏诚信,在国家大力弘扬诚信的大背景下,诚实守信不应该只是挂在大学校园里的标语,应该积极地通过有效的教育形式,将其纳入到大学教育内容中去,而高尔夫就是这样一个很重要的教育形式。

三、提高人与自然和谐相处的价值观

高尔夫是所有运动中最能体现人与自然和谐关系的体育项目。首先,高尔夫是在一个大的掺杂人工和自然环境的开放式空间进行的运动。绝大部分高尔夫场地都是在原有森林湖泊的基础上,人工改造大面积的草坪,所以既保留原始自然的痕迹,又有设计师的独特创意,人工与自然浑然一体,相辅相成。其次,高尔夫球运动过程中也体现了人要爱护自然的环保理念。为保护草皮和植物生长,禁止球手穿有跟的鞋子下场打球,击球过程中,对损坏的草皮要及时修补等,这都体现了人对自然草木的爱护。最后,高尔夫球场也是环保的典范。球场所用的农药与化肥都是按照最小剂量和最小副作用的原则施用的,做到了对环境危害的最小化。

高尔夫球场环境自然优美,让人身心放松,心旷神怡。高尔夫球运动对培养人和自然和谐相处具有极高的教育价值。

四、提升审美素质

高尔夫是一项美的运动。首先是场地环境美。蔚蓝的天空,多姿多彩的树林、花卉,碧绿的水面,绿茵茵的草坪,加上形态优美的沙坑,起伏流畅的球场造型,再附以其他景物的装饰,整个球场构成了一幅美轮美奂的立体画卷。其次是身心健康美。打高尔夫,可以在放松的心情下,呼吸自然的新鲜空气,长距离的散步是最佳的有氧锻炼方式,可以促进肺循环,增强心肺功能,锻炼全身肌肉骨骼协调性,增进健康;同时可以缓解紧张的压力,促进心理健康。再次是身体动作美。高尔夫的整个挥杆动作舒展而优美,要做到放松自然、舒展流畅、有节奏。最后是意志品质美。高尔夫的打球过程中,处处体现着人类优秀的意志品质:诚实自律、礼貌谦虚、平等公正、不畏失败、永不言败、爱护环境、集体主义、全局意识等等。

综上所述,高尔夫球运动在提升当代大学生审美素质方面有很大的教育意义,可以很好地体现素质教育中美育的要求,是大学美育的良好载体。

五、提高人际交往能力素质

随着社会的进步,科技的发展,网络的普及,人与人之间的交往逐渐变得虚拟。很多大学生喜欢宅在寝室,通过网络与外面的世界交流,这样容易形成孤僻自闭的心理,在现实社会很难与他人交流。而高尔夫球运动的礼仪规则和为他人着想的原则,则说明打高尔夫的人的一言一行、一举一动都是彬彬有礼,具有绅士风度的。高尔夫球运动不是一个人的运动,它是一项需要人与人之间配合协作的运动。从事高尔夫球运动,可以提高当代大学生人际交往的能力,当然对大学生参加工作后的商务交往也具有重要意义。

知识拓展

圣·安德鲁斯老球场

已有600多年历史的苏格兰圣·安德鲁斯老球场(图2-4),不仅因浓郁的苏格兰风情和迷人的海边风景闻名于世,更以世界锦标赛举办地的身份而令全世界"高迷"们神往。这里发生过太多的传奇故事,曾举办过26次高尔夫公开赛,是每个打高尔夫的人一生的梦想之地。"老虎"、尼克劳斯、费度及老汤姆·莫理斯都曾在这里荣膺公开赛桂冠。

五星豪华老球场酒店坐落于苏格兰东海岸,紧邻老球场著名的第17洞,远眺大海。老球场酒店为所有前来老球场朝圣的人们提供了苏格兰地区最好的住宿条件,共有144间客房,其中包括107间标准房以及37间套房。老球场酒店房间景观优美,位于老球场一面的房间将老球场尽收眼底,远眺则能直望圣·安德鲁斯波澜壮阔的海岸线;而酒店的豪华套房绝对可称为世界上最大的酒店套房。

圣·安德鲁斯著名的老球场是高尔夫的发源地,六个世纪之前人们最早打高尔夫的地方。它因自然形成的地理环境而闻名于世,其中包括112个天然沙坑,包括著名的第14洞"Hell"、第11洞"Strath"以及令人闻风丧胆的第17洞"Road Hole",能一次完成18洞,将给球手带来无限满足。现今的老球场是已举办过26次高尔夫公开赛的比赛场地,老球场及周边建筑的历史氛围,让人忘记那些看似恐怖的沙坑和古怪的风向,每年吸引着全世界几千名高尔夫高手的到来。

圣·安德鲁斯英国皇家古代俱乐部,全球高尔夫球运动的领导者、仲裁者,英国公开赛的拥有者。New Course是一座傍海、布局紧密的球场,需极高的击球精确度,它的果岭虽大,但有些被果岭保护着,而球道两侧也布置了一些静静潜伏的沙坑,其余障碍还包括石楠丛和金丝花丛,偶尔会挡住球友观看邻近球道的视线,此外,风势也使得在此具挑战性的球场打球更为艰难。

图 2-4　苏格兰圣·安德鲁斯老球场

★ 学以致用

1.什么是高尔夫球运动?现代高尔夫球运动起源于什么地方?

2.高尔夫球运动在中国发展的重要标志性时间点有哪几个?

3.高尔夫球运动对当代大学生的教育价值主要体现在哪些方面?

第三章　高尔夫球运动基础知识

第一节　高尔夫球场设施与类型

一、高尔夫球场组成

　　高尔夫球场是将草地、湖泊、沙地和树木等自然景观经球场设计者精心设计、创造展现在人们面前的艺术品,世界上没有两个完全相同的高尔夫球场(图 3-1)。

　　一个标准的高尔夫球场长 6000～7000 码(1 码＝0.914 米),宽度不限,除会所以外,通常设 18 个球洞。1～9 号为前 9 洞,10～18 号为后 9 洞。球洞通常可分为:短洞,即标准杆为 3 杆,男子组不超过 250 码(229 米),女子组不超过 210 码(192 米);中洞,即标准杆为 4 杆,男子组 251～470 码(230～430 米),女子组 211～400 码(193～366 米);长洞,即标准杆为 5 杆,男子组 471～690 码(429～630 米),女子组 401～575 码(367～526 米)。所谓标准杆就是规定的击球次数。比如 4 杆洞,规定标准杆数就是 4 杆,包括 1 次开球杆,1 次充分挥杆和 2 次推杆。许多标准的高尔夫球场都是 18 洞 72 标准杆,一般包括 4 个 3 杆洞、10 个 4 杆洞和 4 个 5 杆洞。根据实际地形,长、中、短洞错开分布,前 9 洞和后 9 洞分别设长、短距离的球道各 2 个,中等距离的球道 5 个。当然也有标准杆为 71 杆或 73 杆的标准球场。

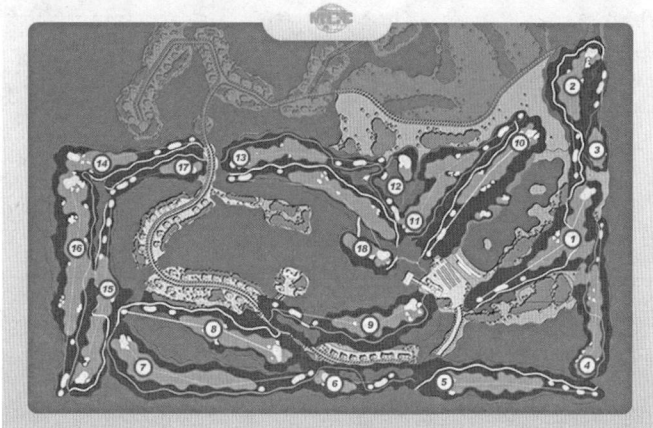

10 PRA4	**11** PRA3	**12** PRA5
GOLD 441Y	GOLD 165Y	GOLD 559Y
BLUE 428Y WHITE 399Y	BLUE149Y WHITE 109Y	BLUE 529Y WHITE 500Y
WHITE 413Y RED 348Y	WHITE 123Y RED 94Y	WHITE 513Y RED 478Y

图 3-1 高尔夫球场构成

　　每一个球洞场地不论长短,都由发球区、球场通道、障碍区和球洞区等几部分组成。球洞的标准杆数越多,距离自然就越远。其得分规范如表 3-1 所示。

表 3-1　得分规范

计分	术语	定义	高尔夫球洞场地示意图
−3	Albatross 或 Double-Eagle（双鹰）	少标准杆数三杆	
−2	Eagle(老鹰)	少标准杆数两杆	
−1	Birdie(小鸟)	少标准杆数一杆	
+0	Par(标准杆)	平标准杆数	
+1	Bogey(柏忌)	多标准杆数一杆	
+2	Double Bogey(双柏忌)	多标准杆数两杆	
+3	Triple Bogey(三柏忌)	多标准杆数三杆	
注	1.发球区;2.水障碍区;3.深草区;4.界外;5.沙坑;6.水障碍区;7.球道;8.果岭;9.旗杆;10.球洞		

　　发球区是每个球洞的开始区域(图 3-2)。它通常设在球场较高的位置,上面铺有与球道相同的草,并有两个相距 5 码左右的球座标记,根据球手技术程度的不同最多可设置 5 个发球区,由远及近依次为黑色发球区(适合职业男球手)、金色发球区(适合单差点球手)、蓝色发球区(适合成年男子、职业女球手)、白色发球区(适合成年女子)、红色发球区(适合青少年、老年人),蓝、白、红三个发球区是最基本的配置。球手在开球时,可以将球座架到标记的任何地方,但不能架到标记的前面,也不能架到其后超过两杆的地方。

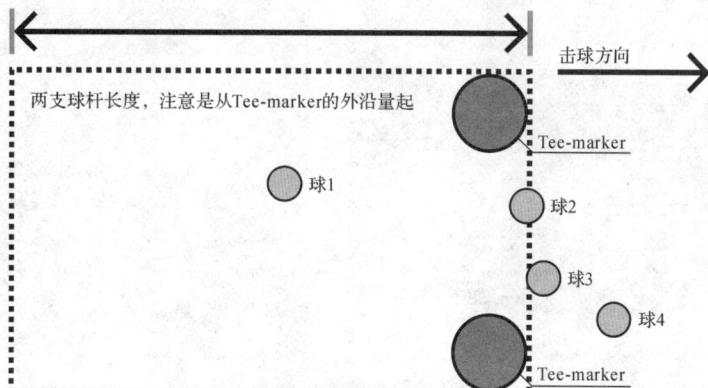

两支球杆长度，注意是从Tee-marker的外沿量起

击球方向

Tee-marker

球1

球2

球3

球4

Tee-marker

虚线框的范围即为发球区的范围，图中的球1、2、3都属于发球区内，球4属于发球区外。
注：球完全在Tee-marker外沿之外（例如球4的位置，或虚线外的任何位置），才算为
超出发球区范围。

图 3-2　发球区

　　球场通道的短草区是球场中面积最大的部分，是从发球区到果岭之间较利于击球的
草坪区域(图 3-3)。球道两侧是起伏的地形或树丛，用来分离各个球道，球道一般长
90～550米、宽30～55 米。3 杆洞、4 杆洞、5 杆洞就是以球道的长短来区分的，南北方向
是较理想的球道方向。

图 3-3　球场通道的短草区

　　障碍区由沙坑和水障碍区组成,其目的是帮助球手提高击球的准确性,因为将球从沙坑障碍区内击出要比在球道上击出困难得多。沙坑一般占地面积为 140～380 平方米,有的沙坑高达 2400 平方米。现在大多数 18 洞高尔夫球场有 40～80 个沙坑,可根据打球需要和设计师的设计思想来确定。水障碍区不仅是击球的障碍,还可起到很好的造景作用。水障碍区可以设计于单个球道内,也可以几个球道共用 1 个水池(图 3-4)。

图 3-4　障碍区

球洞区是比赛的中转站或终点站(图 3-5)。它是专门为推击而准备的区域,是推击球进球洞的地方,也是每个球道的核心区域。果岭的面积为 111～2545 平方米,形状有圆形、椭圆形等,高度比四周地势高 30～100 厘米。球洞是位于果岭上的击球最终目标,球洞是用切削器切削而成,球洞中的杯子直径为 10.8 厘米,深度为 10.2 厘米,球洞中还插有指示果岭位置的旗杆。果岭上的草坪非常精美,都是经过精心修剪的,常年保持绿色。现在的果岭设计理念是起伏越来越大、面积越来越小、速度越来越快、难度越来越大。

图 3-5　球洞区

二、高尔夫球场类型

根据人们的各种需求,高尔夫球场也分为了很多的类型,每一种类型都有它的用处所在,充分地满足了各种各样的球手或者爱好者的需求。根据球场长度和杆数的不同,球场可分为标准球场和非标准球场。根据球场利用目的的不同,球场可分为比赛型球场和观光娱乐型球场。根据球场的产权和服务对象,球场可分为大众化私有球场、乡村俱乐部球场、公共球场、私人俱乐部球场、私人球场。

根据球场自然地貌地形可分为海滨球场(林克斯球场)、森林球场、平原球场、河川球场、山地球场、丘陵球场和沙漠球场。在这里我们主要根据球场的自然地貌地形来介绍高尔夫球场的种类。

(一)海滨球场(林克斯球场)

海滨球场,即我们常听到的林克斯球场(links course)。林克斯(即英文 links,link 就是连接的意思)原指苏格兰海边的区域,即从大海向农田过渡的区域。大英高尔夫博物馆认为:林克斯是指一侧临海,一侧为内陆耕地,形状狭长的球场。总结来看,林克斯球场的景观特征是:一般位于有沙滩的海滨,场地开阔,波状起伏的球道,小而深的沙坑,球道大多是羊茅草坪,水障碍大体以小沟小河为主,海风强劲,等等。类似苏格兰海滨林克斯地貌特点的球场主要特点是具有绵延起伏的球道,没有稀稀疏疏的树木,球场相对平坦,视野开阔自然(图 3-6)。

图 3-6　海滨球场（林克斯球场）

　　位于美国加利福尼亚的圆石滩球场（Pebble Beach），被称为"世界上海洋和陆地的最佳连接处"，也是堪称经典的林克斯球场。这是第100届美国公开赛的举办地，也是美国人心目中最美丽的球场。

　　我国著名的林克斯风格球场有天津滨海湖高尔夫球会以及上海林克斯高尔夫俱乐部。天津滨海湖高尔夫球会依水而建，地形的变化自然，球道的起伏浑然天成，是典型的林克斯球场。球场的发球台面积较大，略高于球道，使球手的视野更加广阔；果岭面积大，起伏也较大，使球手的推杆更具挑战性。球场高草区普遍使用结缕草；球道、果岭和发球台均使用本特草。这里盛行的季风是对球手的一大考验；而水域周边的茂密芦苇丛不仅是天然的高草区，更与清澈的湖面组成了一幅美丽的风景画，令人陶醉（图3-7）。

图 3-7　天津滨海湖高尔夫球会

（二）森林球场

森林球场（wooded course）除去一片片平野，全被树林包围。球场土质极佳，草坪生长好，春秋季节景色最为迷人，只是地形变化较少。打球中能够为球手提供毫无干扰的环境。森林球场的特点一是树高更显路窄，特点二是果岭起伏叠叠，特点三是水障碍贯穿全场，特点四是果岭前沙坑重重。球场中树木居多，设计师一般会根据球场当地的优势树种搭配出独具新意的球道风格（图3-8）。

图3-8　森林球场

于1999年3月20日正式开业的港中旅聚豪（深圳）高尔夫球会是深圳乃至全国都少有的天然森林度假型球会，碧水蓝天、奇花异草，所有这一切都会让你感到飘逸、开阔、自在和洒脱。得天独厚的原始森林和毗邻的铁岗水库是聚豪球会独一无二的特色与标记（图3-9）。

图3-9　港中旅聚豪（深圳）高尔夫球会

（三）平原球场

平原球场由于地势较为平坦,球场景观容易趋于平淡,对设计师的要求会更高。怎样才能做到既崇尚自然又富挑战性,既注重水丘湖泊与球道果岭之间的和谐美又要难易兼备、变化丰富?设计师一般会根据实际情况对地形进行必要的改造,营造起伏的微地形,满足大于3％的排水要求。同时以丰富多彩的植物种植设计和变化多端的发球台、果岭及各种障碍的设计,弥补地形上的不足(图3-10)。

图 3-10　平原球场

京津新城帝景高尔夫球场的发球台、球道和果岭采用的都是匍匐剪股颖,为来球场打球客人完美的击球感觉提供了更好的草坪,这在京津地区尚属少有,白色的沙坑错落有致地分布在绿色的缎带上,但千万别低估了它的难度,与潮白河水相连的水池、湖面让人仿佛置身于江南水乡,轻松挥出一杆,心情自然愉悦无比。无城市喧嚣,无案牍神劳,举目远望是绿地、蓝天、小溪,振臂击球,顿感劳累烦恼烟消云散,大有得意人生之感(图3-11)。

图 3-11　京津新城帝景高尔夫球场

（四）河川球场

在我国,特别是江南地区,尤以河川球场居多,这类球场地势平坦,沿河道或人工湖布局,虽缺少地形及风向变化,但有足够的距离,球道较宽且无树木遮掩。设计上要力图使流畅、自然、曲线优美的湖泊相互贯通,配合匠心独运的石桥或木桥、点缀湖边的亲水植物景观,营造出温润柔和的球场特色(图3-12)。

图 3-12　河川球场

海丽国际高尔夫球场坐落于广东省深汕特别合作区鲘门镇,占地4000多亩(含海岛、滩涂等),这里地处有"黄金海岸"之称的红海湾鲘门港畔,面朝碧波翻腾的南海,背依峰峦起伏的南山,是符合国际旅游标准的度假胜地。5公里长的海岸线,地势平缓。滩如银雪,湾如新月。充满水乡韵味的球场内,一条全长2.5公里的小河,星罗棋布的人工湖,与小河交织成网,将球场雕塑成一块块形状各异的"绿洲"。挥杆者乘船打球,乘船往来,成为高尔夫球场一大特色(图3-13)。

图 3-13　海丽国际高尔夫球场

（五）山地球场

山地球场（mountain course）因为能显示出起伏和山势，所以在众多类型的球场中最具壮丽之姿，优美的自然环境以及起伏变化的地形既是它的特色，也是它区别于其他球场的优势所在。因起伏大且突兀，所以球的落点会随时改变，对球手击球的准确性要求很高。同时，山地球场因为地势的起伏而形成差异很大的小气候环境，使得球场的保养工作存在不小的挑战，这也是它的特点之一。这类球场设计上通常将球道布置在山谷和半山腰的缓坡地带，各个球洞围绕着一个或几个山头往返布置，相互勾连，形成一体（图3-14）。

图3-14　山地球场

北京九松山乡村俱乐部坐落在风景秀丽的密云县密云水库旁，是北京地区绝佳的纯山地挑战型高尔夫球场。球场超过1000平方米顶级草种大果岭、个性化大沙坑及不会让球手击球受伤的最高品质的球道草坪，让球手真正感受到美国式第二代球场的崭新魅力（图3-15）。

图3-15　北京九松山乡村俱乐部

（六）丘陵球场

丘陵球场依山傍水，地形起伏自然多变，既可表现河川球场平坦轻松的风格，又能尽情描绘山林间的起伏跌宕,而且因它并不像山地球场倾斜度非常大,因而在挑战强烈的同时又安全舒适。在设计时一般不会对现状地形做大的改动,而是因地制宜、因势利导。在进行球道的路线和走向布置时,充分利用原地形,对某些确实妨碍打球的局部稍加改造后,即可取得理想的效果(图 3-16)。

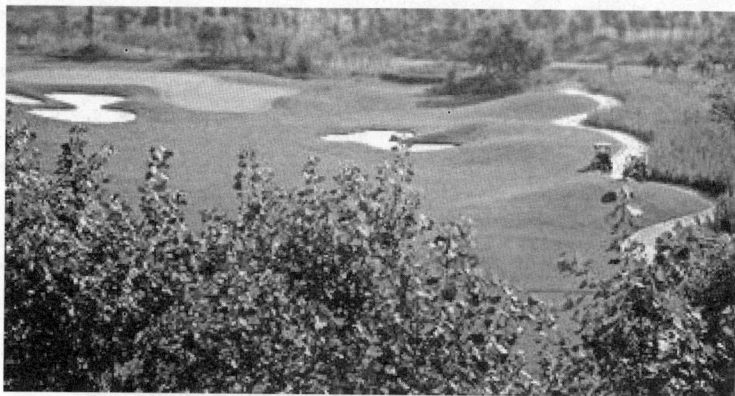

图 3-16　丘陵球场

我国的桂林乐满地高尔夫球场 A 场是以山景为主的丘陵型球道,四面环山配以精选的花、草、树木、人工湖,为球手提供了一个极佳的挥杆环境。对于一位球手而言,挑战这个球场就是向极限挑战。绿意盎然的球场,高水准的软硬件设施,以及完善的整体规划,将千姿百态的山、清澈碧透的水和高尔夫独有的人造景观交融合一。让挥杆者在畅快尽兴之余,还可饱览这里独有的世界级美景,体验那一份极致的尊荣华贵(图 3-17)。

图 3-17　桂林乐满地高尔夫球场 A 场

(七)沙漠球场

沙,是高尔夫球场不可缺少的元素,但是建造在沙漠上的高尔夫球场未免让人觉得不可思议,因为在沙漠地区,浓密的长草较为难得(图 3-18)。但事实上,早在 1950 年,美国加利福尼亚州的 Palm Springs 地区就出现了第一家沙漠地区球场雷鸟球场(Thunderbird Course),之后,世界各地陆续兴建的沙漠球场带给人们的新奇与刺激,让全世界的球迷都向往不已。沙漠球场干旱缺水,设计上要尽量减少草坪面积,增加沙丘在营造景观和打球策略方面的作用。起伏的沙丘可以保留在高草区内,代替植物作为障碍。这类球场给人以强烈的绿色与荒漠的对比,具有独特的球场景观。

图 3-18　沙漠球场

坐落于海南亚龙湾国家旅游度假区内的三亚红峡谷高尔夫球会位于峡谷之间,傍依青山,远眺亚龙湾海光。B 场是沙漠景观球场,占地 635 亩,3971 码,标准杆为 37 杆,布置富有赤旱沙漠风情的天然障碍,生长在旱地的棕榈,辅以仙人掌、灌丛等,球道景观千变万化,为球友增添不少打球趣味性和挑战性(图 3-19)。

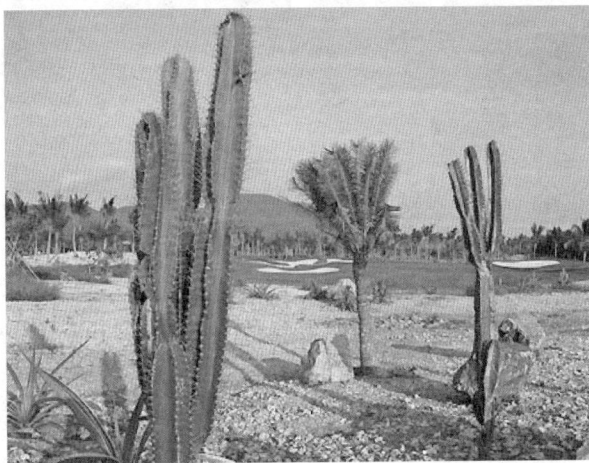

图 3-19　三亚红峡谷高尔夫球会

第二节　高尔夫球运动器材与服饰

一、高尔夫球运动器材

高尔夫球运动器材基本包括高尔夫球、高尔夫球杆和其他辅助装备。

1.高尔夫球

(1)高尔夫球按类型来分,可分为四种基本类型:单层球、双层球、三层球和多层球。

单层球(One-Piece-Ball):这种球也可以叫作一体球或一件头球,一般仅用于练习或用于练习场(Driving Range)。球体由硬橡胶压制而成,并且涂漆。

双层球(Two-Piece-Ball):这种球也叫作双体球或两件头球,是最常用的球。球芯外面为硬橡胶或塑料,或者是其混合物(配方通常保密)制成外壳,厚度约为1毫米。由于外壳质地不同,成分不同,坚固性与抵抗力不同,硬度不同,颜色以及凹痕不同,就产生不同的特性与效能,表现在击球的高度、远度与滚动性等方面。

三层球(Three-Piece-Ball):这种球也可以叫作三件头球,只供水平较高的球手使用。在由橡胶或塑料或混合物做的大约相当于棒子大小的球芯外面包围着充满液体的胆,像线团状缠绕薄橡皮条,外壳为橡胶制品巴拉塔(树胶)。高水平球手喜欢使用这种胶核液体球芯球,因为击球时可以找到感觉,容易控制。如果击球不准,也容易产生裂口和切痕。

多层球:击球越有力,球越容易变形。多层球就是根据这个道理设计和制造的,目的在于让任何击球力度都能产生最佳结果。球芯的设计是为了使用开球杆时能将球打得尽可能远;中间层适应铁杆大力击球;外壳适合获取最佳击球感觉以及半挥杆、切击球和推杆时的回旋球。

(2)从旋转率来分,可分为高旋转率球、中旋转率球和低旋转率球三种。

(3)从硬度上分,可分为三个级别:80、90、100。数字越大,硬度越高。不过它们之间的差别很小,一般球手感觉不出。

(4)从重量上分,有标准重量和较标准重量轻一点的球两种。根据有关规定,高尔夫球的重量不得重于1.62盎司(1盎司=28.35克),即45.93克。

(5)从体积上分,有英式球和美式球两种,一般美式球直径是1.68英寸(1英寸=2.54厘米),即4.267厘米,而英式球的直径是1.62英寸。直到1990年统一了高尔夫球的标准尺寸为不得小于4.267厘米。

高尔夫球的表面上均匀分布了许多形状和数量各不相同的小凹洞,这些凹洞对球的飞行速度、弹道的高低起着很大的作用。一般凹洞组合得越对称,球的抗风性就会越好,

球的飞行也会更准确、更稳定。凹洞的数量可以从 300 个到 600 个,比较常见的是 432
个,为求对称,这些数字大多是偶数。

高尔夫球一定是圆的,球体必须对称。颜色可以多样,但以白色为主(图 3-20)。

图 3-20　高尔夫球

2.高尔夫球杆

高尔夫球杆是高尔夫球运动中的基本装备(图 3-21),由杆头、杆身、握把三部分组
成。杆头由特质金属制作,有多种形状;杆身采用合金或一些特殊材料制作;握把则一般
都是采用硬橡胶来制作。目前最流行的球杆材质应是钛金属。高尔夫球杆大致可分为
木杆、铁杆(包括劈起杆和沙坑杆)以及推杆三大类,还有一种介于铁杆和木杆之间的球
杆,叫混合杆,又叫铁木杆。每根球杆都有相应的号码来识别,号码越大杆身越短,杆面
倾斜角度就越大,打出的距离相对较短(表 3-2)。球杆的硬度可分为特硬型、硬型、普通
型、软型和特软型 5 种(表 3-3),在挑选和使用球杆时,要根据自己的身体条件、技术水平
和习惯去挑选。

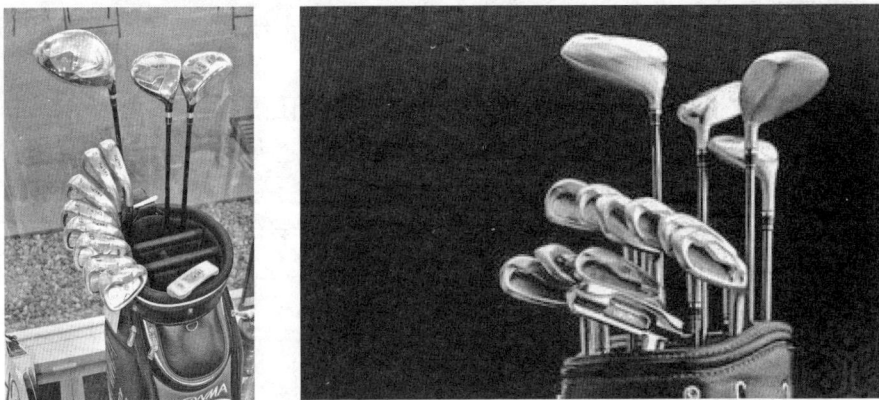

图 3-21　高尔夫球杆

表 3-2　高尔夫球杆名称、规格一览

木杆	球杆名称	业余男子距离（码）	球杆长度（寸）	杆面斜度（度）	杆身斜度（度）
W1	Driver	200～250	43.5～47	9～11.5	55
W2	Brassie	190～220	43	12	55.5
W3	Spoon	180～210	42.5	15	56
W4	Baffy	170～200	42	18	56.5
W5	Cleek	160～190	42.5	21	57
W7	Heaven	150～170	41.5	24	58
W9	Divine Nine	140～160	40.5	28	59
W11	Ely Would	130～150	39.5	32	60
铁杆	球杆名称	业余男子距离（码）	球杆长度（寸）	杆面斜度	杆身斜度
I1	Driving Iron	190～210	39.5	16	55
I2	Mid Iron	170～200	39	19	56
I3	Mid Mashie	160～180	38.5	22	57
I4	Mashie Iron	150～170	38	26	58
I5	Mashie	140～160	37.5	30	59
I6	Spade Mashie	130～150	37	34	60
I7	Mashie Niblick	120～140	36.5	38	61
I8	Ditching Niblick	110～130	36	42	62
I9	Niblick	100～120	35.5	46	63
I10(P)	Pitching Wedge	110 以内	35.5	50	64
S(SW)	Sand Wedge	90 以内	35	55	64
I11(F)	Second Wedge	80 以内	35	54～64	64
A	Chipper	50 以内	34.5	20～35	65
推杆	Putter	30 以内	多样化	3～6	多样化

注：1. 女子球杆较男子球杆短 1 寸，距离短 30 码，杆身斜度多 1 度左右。
　　2. 职业男球手的铁杆距离，每隔 1 号杆相距 15 码，业余男球手相距 10 码。

表 3-3　高尔夫球杆硬度

硬度	代表符号	代表颜色	适应球手
特硬	X	绿	身材高大、力量大的职业球手
硬	S 或 F	红	职业球手、力量大的男球手
普通	R 或 T	黑	一般男球手、女职业球手
软	A	黄	老年男球手、力量较大的女球手
特软	L	蓝	一般女球手

(1)木杆

木杆是以木头制造,最早是以红柿木制成的。因为木头遇水会膨胀,早期雨天击球后球杆都需要保养;后来才使用不同的材质制造。铁、不锈钢、碳纤维、钛金属都曾使用到(图 3-22)。最流行的球杆材质应是钛金属。除了不需费时保养外,钛金属的反弹效益较强,可打较远,现今许多球场因无法增加长度距离,因此对职业球手选用木杆的反弹系数有一定的规定,USGA 规定反弹系数不大于 0.83。除开球用的 1 号木杆外,球道木杆尚有 3、4、5、7、9 号。对女生而言 3、4 号木杆较难打,所以才会出现推出仰角更高的 7 号或 9 号。

图 3-22 高尔夫球木杆

(2)铁杆

铁杆杆头由合金制成。铁杆组包括 1 至 9 号铁杆,以及劈起杆和沙坑杆(图 3-23)。铁杆分长、中、短杆,长铁杆通常指的是 1、2、3、4 号,5、6、7 号为中铁杆,短铁杆则为 8、9号。使用长铁杆的人越来越少,多数改以"小鸡腿"代替。长铁杆通常不容易打高,容易产生右曲球。长铁杆因为角度小,碰上大逆风时,就派得上用场。铁杆按杆头设计不同分刀背式和凹背式,刀背式重心较高,较不容易做出杆头释放的感觉;而凹背式则重心较低,有的甚至做到超低重心,底部较重,甜蜜点面积较大,因而较易击中球,也可打得高些。市场上多见到凹背式的。短杆还有劈起杆(P)、挖起杆(A)、沙坑杆(S),短杆方面通常职业球手较为讲究,还细分不同角度,52°、53°和 60°等等。不同角度可击出不同的高度和不一样的旋转程度。对业余球手而言通常挖起杆和沙坑杆共享,10 号约等于劈起杆,11 号则等于挖起杆(角度更大)。

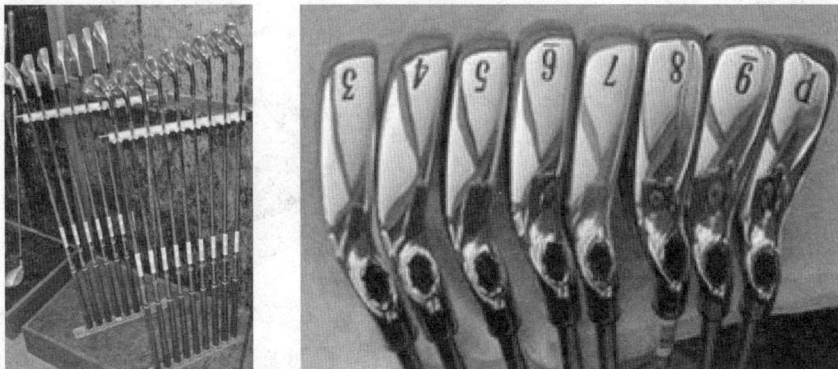

图 3-23　高尔夫球铁杆

（3）推杆

　　推杆的杆头是由金属制成的，但它不属于铁杆。它是专门用来在果岭上进行推击的球杆。最终击球入洞的球杆只能是推杆。最早推杆多设计成 L 形的，目前也有少数职业球手仍沿用传统 L 形推杆，到后来的 PINGPutter，发展至 twoballs 甚至 threeballs、马蹄形、圆锥形各式能让人感受平衡的推杆（图 3-24）。

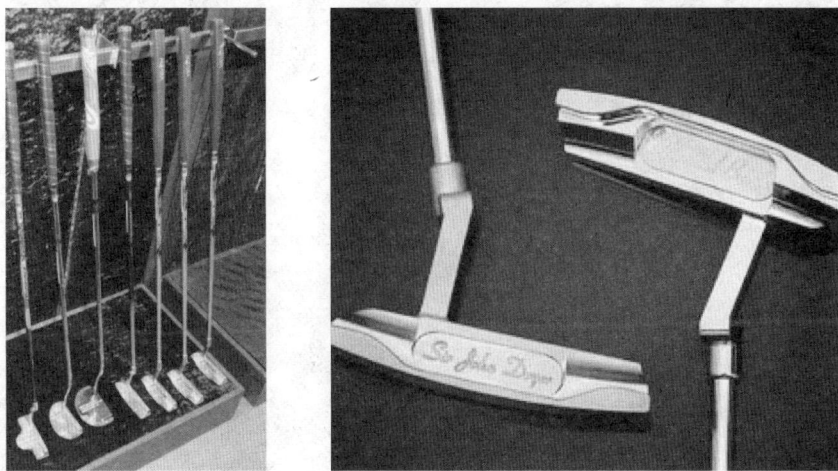

图 3-24　高尔夫球推杆

（4）铁木杆

　　铁木杆是介于铁杆和木杆之间的球杆，又叫混合杆（图 3-25）。铁木杆是具有多种用途的球杆。铁木杆与木杆相比，重心高度更低，杆头较窄，与一般的长铁杆相比，它的杆头底部更宽，而且一般是中空构造，增加了重心深度，也扩大了甜蜜区，因为重心比长铁杆低，所以更容易将球打起来。

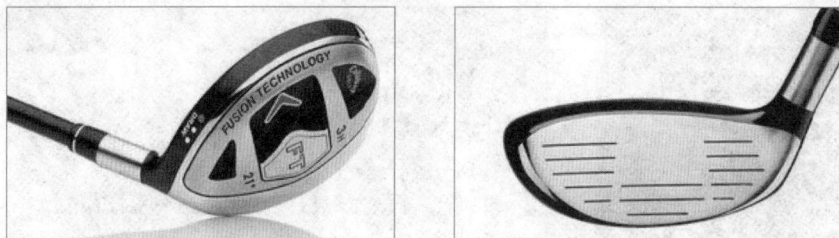

图 3-25　高尔夫球铁木杆

3.高尔夫辅助装备

球杆袋:也叫球包(图 3-26),主要用来放球杆,也可放球、球鞋、雨伞、毛巾等用品。比赛时,球袋一般由球童协助运送。

图 3-26　高尔夫球杆袋

推车:用于推球杆袋的车子(图 3-27)。

图 3-27　高尔夫球推车

球座:发球台上发球时,用于架起球(图 3-28)。它是用木料或塑料制成的上大下尖的长形小棒,尖端便于插入土中,上端为圆形略带凹坑,便于托球。

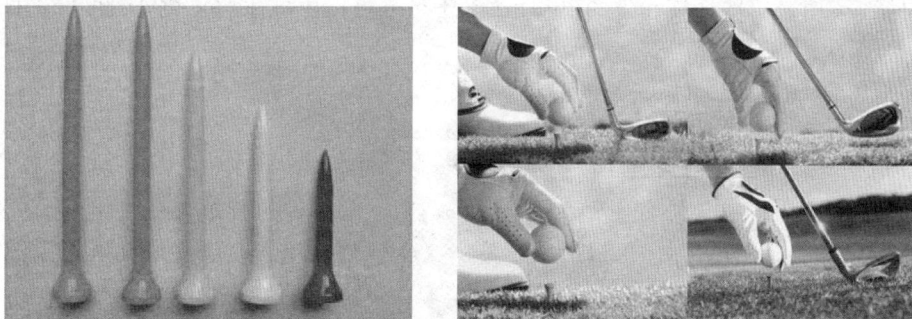

图 3-28　高尔夫球座

　　球标:用于标记球的位置。球上果岭后,可以把球拿起来擦拭,但拿起球之前,要用球标标记球的位置,轮到打球时,把球放回原处,再把标记拿起。球标一般用塑料制成,为图钉状(图 3-29)。

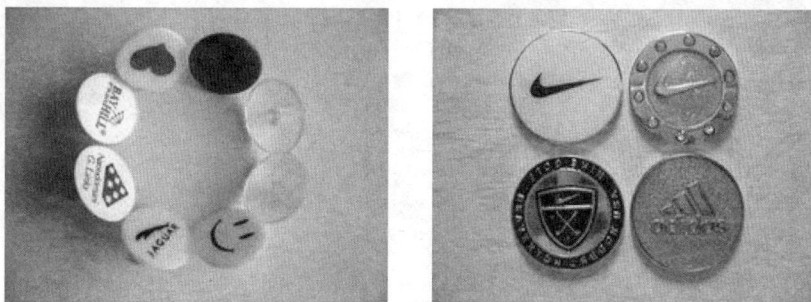

图 3-29　高尔夫球标

　　修钗:修理果岭的工具。果岭上出现划痕、裂痕等损坏时,需要用它进行修补(图 3-30)。

图 3-30　高尔夫修钗

球道车:用来拉球杆袋和人的电动车(图3-31),可以由球手自己驾车,也可以由球童驾驶。

图3-31　高尔夫球道车

伞:用来遮雨或遮阳(图3-32)。

图3-32　高尔夫球专用雨伞

毛巾:用来擦拭握把、杆面和球(图3-33)。

图3-33　高尔夫球专用毛巾

沙袋和沙子:挥杆打球时难免会打起草皮,每当遇到这样的情况,应该在受伤的草皮下放上适量的沙子,用脚踩实,这样有利于草皮的恢复与再生。

二、高尔夫球运动服饰

1.服装:高尔夫球运动不仅是一项体育运动,也是一种高雅的社交活动,早期的球手打球要穿燕尾服,着长筒靴。随着社会的发展,服饰规定没有那么严格了,可是一些基本的传统还是流传了下来,形成了现代高尔夫球运动着装的基本守则,如上衣要有领子、穿短西裤要穿长袜。通常的高尔夫服饰分为上衣和裤子两部分。上衣一般是长袖或短袖的运动衫款式(图 3-34),裤子(不论是长裤还是短裤)是纯棉或纯毛的西裤和便装裤。现代高尔夫球运动着装一般为:男士在打球时穿 V 领毛线背心,里衬短袖有领 T 恤,下配合身便装裤,裤形宽松不紧绷;女士的上衣装扮与男士相近,裤子则可改穿短裤。雨天可穿特制的雨衣。总之,穿着要舒适得体,整洁干净,衣服应宽松,以便身体能充分舒展,不妨碍挥杆和推杆动作。同时,衣料要质地柔软,吸汗能力强。球场一般不允许穿圆领衫、吊带背心、牛仔系列服装、超短裙、超短裤等过于休闲的服装。

图 3-34　高尔夫球 T 恤衫

2.鞋:高尔夫球鞋用皮革制成,鞋底上带有鞋钉或小的橡胶头(图 3-35)。穿这种鞋打球主要有以下作用:(1)增强击球站位的稳定性,有利于保持身体平衡,以更合理地完成击球动作;(2)皮革面可以防雨和露水,在潮湿积水地面可以起到防滑的作用,同时行走时也可以节省体力;(3)在行进和打高尔夫球时,鞋底钉子扎出的洞,有利于草根部通过洞穴呼吸空气,起到保护草皮的作用。球场绝不允许穿高跟鞋和硬底皮鞋。

图 3-35　高尔夫球专用鞋

3.手套:高尔夫球手套用质地柔软,手感较好的皮或布料制成(图 3-36),打高尔夫球戴手套的主要目的是:(1)使手掌握住球杆时填满手与握杆间的空隙,使手与球杆轻松而牢固地连成一体;(2)更舒适地握紧杆把,避免球杆击球振动时摩擦手掌、影响球感;(3)防滑和防寒。由于握杆时是以左手用力为主(击球时向右后引杆者),故一般左手戴手套,反之则相反。但也有人两手都戴手套。天气潮湿寒冷时,球手击球间歇会佩戴人造纤维制造的连指手套,以使手保持暖和、干燥。

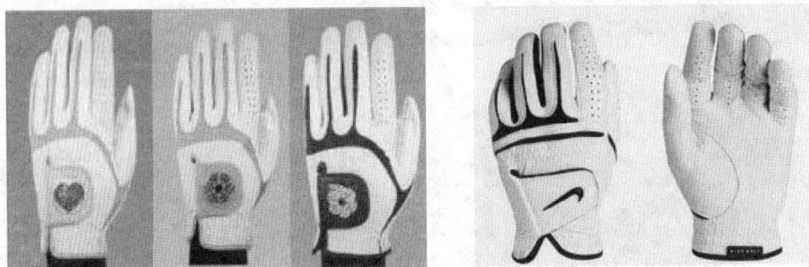

图 3-36　高尔夫球专用手套

4.帽:帽子是高尔夫球运动中最不可缺少的用品之一。由于比赛是在光线充足的户外,太强的阳光会遮挡住球手的视线,影响击球,甚至会晒伤球手,因此在太阳底下打球应戴太阳帽;而在下雨天应该戴防雨帽。高尔夫球帽有很多款式可供选择(图 3-30)。

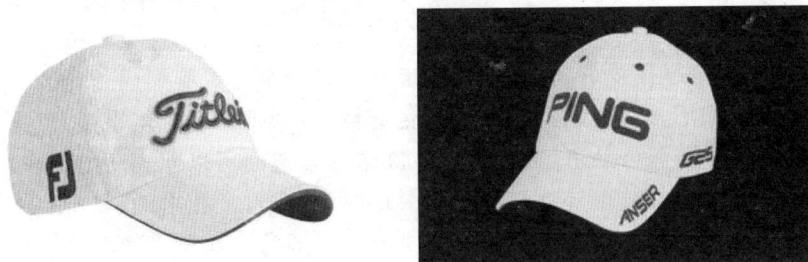

图 3-37　高尔夫球帽

5.雨衣:高尔夫雨衣和雨裤由轻便耐用的合成纤维制成,必须轻便、宽松,既能吸汗,又能防水。

三、高尔夫球运动注意事项

高尔夫球运动是一项高雅的体育运动和社交活动,因此在参与这项运动时应注意以下事项:

1.学习和掌握有关高尔夫球的知识。高尔夫球运动包含极为丰富的知识,无论是高尔夫球场、器材,还是技战术、规则等知识,都是球手应了解和掌握的。球手要掌握更多一些知识就需要下苦功夫去学习。高尔夫球手要不断地学习和丰富以下几个方面的知识:(1)要了解高尔夫球运动的典故和历史,了解国际、国内高尔夫球运动发展的概况;(2)要认真钻研高尔夫球运动技战术;(3)要学习规则、熟悉规则、遵守规则;(4)要学习和掌握高尔夫球常用的术语,最好能达到运用自如的程度。

2.先练技术后上场。高尔夫球对挥杆技术要求较高,不会正确握杆,没有掌握正确的挥杆技术,是不允许上场打球的,若没有掌握挥杆击球的技术,第一,会打不着球,经常空挥,即使偶然打到球,也不会打得太远、太准,自己会感到无趣。第二,会铲起大块的草皮,对球场造成破坏。第三,用去很多时间,造成堵塞,影响他人打球。所以,在正式上场打球之前,要虚心地向教练员和技术好的球友学习,阅读有关的书籍,认真钻研技术,每天坚持空挥杆,或者到练习场去练习,练习好基本的挥杆技术,再去正规的球场打球,这是礼貌,也是文明。现在国外有很多球场,在入场前要检查差点,也就是说,达到一定水平才允许你上场。

3.平衡心理,挑战自我。高尔夫球运动和其他体育项目还有一点不相同,即它不是以击败别人为主要目的,而是靠自己的技术,力争能打得更远、更准,向自己挑战,战胜自己。因为要战胜自己,有所突破,所以要求球手具备良好的心理素质,正因为这点,高尔夫球被认为是休闲运动中最难也是最有意义的一项运动,如果你置身于这项运动中,每打一次球都有新体会,在技术动作上有新的认识,就会不断地去追求与提高。

4.注重球场礼仪。安全:在击球或练习挥杆之前,球手应确认可能因击球或挥杆而被球或任何石块、小石子、树枝等打到的地方及其附近有无人站立。在前组球手未走出球的射程可及范围之前,任何球手不得打球。礼让:这是高尔夫球运动的传统,也是高尔夫球规则中的一部分。高尔夫球最重要的精神就是礼让,礼让是一种美德,上发球台互相礼让,球道上让打得近的人先打,果岭上让离球洞远的人先推杆,打得慢的一组让打得快的一组超越先打,球技好的球手与球技差的球手一起打时可以让杆等。优先权:在无特殊规则时,二人组较三人组或四人组持有优先权,并有超越这些组先行通过的权利,而这些组应让二人组先行通过,单独的球手无此权利而应让任何其他组先行通过。任何要打完全部第一轮的组有超越不打完全部第一轮的组的权利。有优先击球权的球手应被允许在其对手或同伴之前先行发球。

5.爱护场地。高尔夫球是绅士运动,除了环境优美、场地设施高雅之外,球手的一举一动也要不失绅士风度。自觉地爱护场地是一种文明,也是每一个球手的义务和责任。球手在打球过程中应做到以下几点:(1)球手在练习挥杆时,应注意避免削起草皮而对球场造成损坏,在发球区上挥杆更应如此。(2)假如球打进了沙坑,球手要从离沙坑最近的边缘进入沙坑去打球,在离开沙坑之前,球手应仔细地平整好沙坑内所有坑穴和足迹。(3)球手应保证将其在果岭通道上切削或打起的草皮放回原处并压平,由球童放一些细沙,然后用脚踩一踩,再离去。看到果岭上有球砸的印或小坑,应主动地用专用修钗,把两边的草向中间挤一挤,然后用推杆向下压一压,把它修复平整。打完一洞后,因高尔夫球鞋对果岭造成的损坏应由所有球手修复。(4)球手应该确保在放置球杆袋和旗杆时不伤及果岭,球手及球童在靠近球洞处站立,扶持旗杆或将球从洞中取出时,都应该避免损坏球洞,球手不得倚靠推击杆而损坏果岭。球手在离开果岭之前应将旗杆正确地放回球洞中。

第三节　高尔夫球运动的特点

高尔夫球运动是一种非常让人着迷的运动,一旦融入高尔夫球运动中,就可以很快地发现它独特的魅力,以及显著的特点。

1.高尔夫球运动注重礼仪,讲究自律

《高尔夫规则》中的第一章,就是谈高尔夫球运动的礼仪。高尔夫球运动所推崇的礼仪规范,有着深层的文化内涵和广泛社会意义。如规则中所提到的"为其他球手着想""球场优先权"以及"对球场草坪保护"等,都体现出一种"先人后己"的绅士风度。因此,世人也称高尔夫球运动为"绅士运动"。在其规则的影响和人们主观意识的约束下,球手对自己成绩的确认和评判都应体现良好的自律品质,这是高尔夫球运动所推崇的礼仪和球手行为规范的又一重要体现。这些特点充分体现了高尔夫球运动丰富的文化内涵和文明、高雅的运动特征。

2.高尔夫是一项植根于大自然又最亲近与爱护大自然的运动

高尔夫是一种户外运动,但它与众多户外运动不同,它的场地最大。高尔夫不像足球、网球等项目那样,在室外任何地点(包括在大都会林立的楼宇之间)均可划定场地。高尔夫的场地本身就是大自然,或者说是经过了修整的大自然。高尔夫球场一般来说最好远离现代城市喧嚣闹区和可能有不同程度废气、废水、废料以及噪声影响的工业区。高尔夫球场几乎就是大自然的本来面貌,它不仅为球手提供了一个广阔的活动空间,也使球手获得了宁静,获得日光浴与空气浴之利,从而可以舒缓心理压力,松弛精神,获得身体疲劳的恢复。从这个意义上说,高尔夫球场是回归自然的最佳去处,是最大的"氧吧",最大的"太阳康复中心"。除了高尔夫之外,现代体育运动项目中也只有铁人三项、现代五项等项目较多地接触大自然。马拉松赛跑虽然在时空方面达到很高的程度,但其场地主要是较为单调的公路。

3.高尔夫球运动是人与自然最完美结合的体育运动

有许多的体育项目也是在自然环境中进行的,如:登山、攀岩、越野自行车等,而这些项目的共同点就是挑战大自然、超越生命极限;而高尔夫则是一种特殊运动方式,它是一项享受大自然和贴近大自然的运动项目。打高尔夫,置身在鸟语花香的环境之中,球手可以嗅到树林、草地和泥土的气息,有时会有动物出现在球手眼前。打高尔夫还培养球手的环保意识,当球手挥杆损害了球场的一草一木,球手的责任心驱使其去做一些修复工作,以回报自然环境给予的一切。

4.高尔夫是运动创伤最少的项目之一

由于球手之间没有身体接触,更不会出现类似足球比赛中故意拉人、绊人、伤人和扯衫等粗野动作,因而打高尔夫球除了场地表面原因可能引起脚部扭伤外,几乎没有造成运动创伤的外界因素。高尔夫球手由于热身不充分,打球前生活缺乏规律(例如睡眠不足、饮酒过量、心理压力过重因而精神恍惚等),临场挥杆技术不得要领等都会造成类似网球肘的高尔夫肘以及肩部和背部的拉伤。

5.高尔夫球运动具有很强的可参与性

高尔夫从运动方式到运动强度,不受年龄、性别以及身体素质的限制和约束。从三岁孩童到古稀老人都可以参加,可结伴对抗也可单人休闲。由于高尔夫球运动本身是"亦动亦静"的运动,因而并非激烈运动,球手可以根据自己的体力情况来调整打球的节奏与强度,只要遵从高尔夫球运动的规律,可以极大程度地防止类似的运动创伤。因此,高尔夫球运动是一项安全系数较高的体育项目。

6.高尔夫是一项培养人际关系的运动

在高尔夫球场有来自各种不同国家与各行各业的人,因而球手在绿草如茵的休闲环境中打球,有机会广交朋友,加强国内和国际交流。在球场上可以边打球边谈生意、拉家常或者叙旧,打高尔夫实际是一种派对,一种球叙。高尔夫的打球方式、无尽空间与良好的环境,使之成为比任何运动项目都更易于以球会友的项目。

★ 知识拓展

高尔夫比赛常识

一、比赛种类

1. Match play(比洞赛)：以每洞决定胜负,以较少的杆数打完一洞的一方为该洞的胜者,在比洞赛中,一般为18洞,如果一方领先的洞数多于待打的洞数,则胜负已分,可终止比赛,领先的一方为胜者。

2. Stroke play(比杆赛)：以最少的杆数打完规定一轮或数轮的比赛者为胜者。计算出每一球洞实际打击杆数,在比赛回合结束时,将各洞杆数总计,称为总杆数。若为无差点的比杆赛,即以总杆数最少者获胜。若为有差点的净杆赛,则以总杆数扣除差点,以所得的净杆数来决定成绩。

一般的职业巡回赛、各国公开赛、锦标赛,均采用无差点的总杆赛,均为4天4回合72洞赛制。

3. 其他比赛形式

(1)三人二球赛

一人对抗二人,每一方各打一个球的比赛。比赛形式一般为比洞赛。

(2)四人二球赛

二人对抗二人,每一方各打一个球的比赛。同队者轮流打同一个球,直至将球打进洞为止,在发球台发球也要轮流替换开球。比赛形式有比杆赛和比洞赛。

(3)三球赛

三人互相对抗的比洞赛,三人各自打自己的球,每个球手同时进行两个分别的比赛。

(4)最佳球赛

一人对抗二人中分数较好者或三人中分数最好者的比赛。

(5)四球赛

二人中分数较好者对抗另二人中分数较好者的比赛。

二、比赛奖项

最远距离奖：一般设于五杆洞,从发球台第一杆将球打到球道中心距离最远的那颗球。

最近洞奖(最近旗杆奖)：一般设于三杆洞,从发球台第一杆上果岭离洞口最近的那颗球。

一杆进洞奖：一般设于三杆洞,从发球台第一杆将球直接击入球洞。

总杆奖：规定一轮或数轮中杆数最低者为胜。

净杆奖：规定一轮或数轮中净杆数最低者为胜。

三、分数计算方式(常见的业余比赛中的净杆成绩的算法)

1. 新贝利亚差点计算公式：

[(18 洞杆数－6 洞杆数)×1.5－72]×0.8＝差点

其中"6 洞杆数"为 PAR3、PAR4、PAR5 之球洞各抽取 2 洞的杆数。

2. 新新贝利亚差点计算公式：

[(18 洞杆数－6 洞杆数)×1.5－72]×0.8＝差点

其中"6 洞杆数"为随机抽取的 6 个洞。比赛时一般由委员会提前设定好。

3. 总杆－差点＝净杆

四、四大满贯赛

世界高尔夫球竞赛大约分为三大体系,即男子职业高尔夫球巡回赛(PGA)、女子职业高尔夫球巡回赛(LPGA)及区域对抗赛的莱德杯和总统杯。

男子职业巡回赛按规模、奖金和影响力排序可为：美国巡回赛、欧洲巡回赛、日本巡回赛、南非巡回赛、澳大利亚巡回赛和亚洲巡回赛。

美国公开赛　　　　　　　　　The USA Open

英国公开赛　　　　　　　　　The England Open

美国名人赛　　　　　　　　　The Masters Tournament

美国 PGA 锦标赛　　　　　　 USA PGA Championship

学以致用

1. 一个标准的高尔夫球场由哪些部分组成？

2. 高尔夫球场按自然地貌可分为哪几种球场？ 在我国其代表球场是哪几个？

3. 高尔夫球运动的器材包括哪些？ 其运动特点是什么？

第四章　高尔夫球运动的基本技术及运用

应知导航

　　高尔夫球运动的基本技术包括击球前的准备工作、挥杆技术以及推杆技术,其中击球前的准备姿势有握杆、站姿和瞄球三部分。基本技术在高尔夫球运动技术中,可谓举足轻重,很多中高级技术都是建立在基本技术之上。握杆、站位和瞄球是基本的基本,挥杆技术和推杆技术都会涉及这几个方面。如果能掌握好这几项基本技术,可以说在高尔夫球运动中开好头、起好步了。

第一节　高尔夫球运动击球前的准备工作

　　高尔夫球运动击球前的各项准备动作包括握杆、站姿和瞄球三个方面。这些技术在高尔夫球运动技术中不仅影响挥杆技术的稳定性,也决定击球技术的实际效果。任何球手的挥杆击球,都应建立在扎实的基本功之上,而许多不正确的挥杆击球动作,都能在这些技术上找到原因。

一、握杆

　　握杆是学习高尔夫球运动技术的第一课。正确的握杆,有利于完美挥杆和方正击球,从而实现理想的挥杆击球距离和准确度。美国高尔夫球传奇人物本·霍根就曾说过:好的球技始于好的握杆。这句话是非常有道理的,如果握杆不正确,即使是用世界上最昂贵的球杆也无济于事。

　　(一)握杆的含义

　　握杆是指双手持握球杆的动作,它是学习高尔夫球技术的第一步。打球过程中,握杆起着将身体和手臂运动的力量传递给杆头和调节控制挥杆动作的作用。

　　高尔夫球握杆是一个非常精确的运动过程,也是大量错误挥杆的根源。在高尔夫球运动中,手是唯一可以与球杆连接的部分,如果握杆不正确,就会导致杆头和杆面发生变化,也无法将全身的力量传递给杆头,影响球的飞行距离和方向。所以说,正确的握杆是挥杆击球技术的基础。本章讲述握杆时均以右手球手为例。

　　(二)握杆的类型

　　每一种握杆的目的都是相同的,不同的是双手握在一起的方式。握杆主要包括重叠式握杆法、互锁式握杆法和十指式握杆法三种类型。作为初学者,要根据自己手掌的大小、手指的长短和身体力量的强弱等,选择适合自己的握杆方式。对于有一定基础的球手,如果成绩不理想或者手部有伤,不妨在教练员的指导下,尝试其他的握杆方式。

　　1.重叠式(瓦顿式)握杆

　　重叠式握杆,又称"瓦顿式"握杆,是20世纪初因球星哈利·瓦顿成功采用而流行起来的握杆方式。具体方法是,将右手的小指搭在左手的食指与中指之间,左手的拇指贴在右手的掌心,右手的掌心将左手的拇指包住。这是比较常见的一种握杆方法,适用于手掌大或手指长的球手。采用此种握杆方法,手的感觉比较好,便于双手平衡用力,打一些灵活性、技巧性较强的球(图4-1)。

图4-1　重叠式(瓦顿式)握杆

　　2.互锁式握杆

　　互锁式握杆,是将右手的小指与左手的食指交叉互锁在一起,左手的拇指嵌于右手的掌心,右手的掌心将左手的拇指包住。这种握杆方法适用于手掌比较小,手指比较短的球手。挥杆时,杆头速度比较快的球手,也可以采用这种方法,这种握法容易控制球杆。著名球星杰克·尼克劳斯和泰格·伍兹就是采用互锁式握杆方法(图4-2)。

图 4-2　互锁式握杆

3.十指式(棒球式)握杆

十指式握杆,是一种比较简单的握杆方法。因与打棒球时的握杆方式相同,所以也被称为"棒球式"握法。这种握杆方法,是将球杆放在左手手掌和手指交界处,用拇指抵住球杆、食指托住球杆,右手小指与左手食指贴紧,用右掌心的下部包住左手的拇指。采用这种握杆方式,手腕翻转灵活,容易握紧球杆,集中击球的力量,适用于不同年龄段,尤其是力量较大的球手(图 4-3)。

图 4-3　十指式(棒球式)握杆

(三)握杆的要求(以下均以右手球手为例)

1.上面手(左手)

(1)动作要领

①左手掌贴住球杆握把;

②手背正对击球目标;

③球杆握把从食指的第二个关节斜向通过掌心,拇指内侧置于球杆的中心线上;

④小指、无名指、中指将球杆握在小鱼际和小指指根之间,拇指和食指之间不留缝隙;

⑤食指自然收拢握杆,拇指沿球杆握把纵向伸出按压在握把正中稍稍靠右侧。

(2)检查要点

①虎口位于握把中间稍微靠后的位置;

②拇指的底部与食指的指关节在一条线上;

③拇指与食指指根形成的 V 字形指向身体右侧的耳朵和肩部之间;

④球杆握把贴近手指,握把末端空出大约 5 毫米;

⑤左手更多地用手掌握杆。

2.下面手(右手)

(1)动作要领

以重叠式握杆为例:

①张开手掌,掌心朝向目标方向,贴近球杆握把的右侧;

②右手掌底部紧贴在握把的背面;

③球杆握把从食指第二关节开始通过中指与无名指的指根;

④食指和拇指并拢,掌心按压在左手的拇指上;

⑤右手更多地用手指握杆。

(2)检查要点

①小指搭在左手食指或食指与中指间隙上;

②中指和无名指紧握,食指弯曲呈钩状;

③拇指与食指指根形成 V 字形;

④右手掌置于杆身的后面。

3.双手的结合

(1)动作要领

①握杆以左手为主导,用左手的手掌握杆,中指与无名指用力握紧;

②右手主要起辅助作用,尽量以手指,特别是中指和无名指握杆;

③两手紧紧贴住,中间不出现缝隙;

④左手主要靠手掌握杆,右手主要靠手指握杆。

(2)检查要点

①右手的大鱼际放在左手的拇指关节上方;

②左手手背正对目标;

③右手的 V 字虎口指向身体右侧的耳朵和肩部之间;

④两手有一体感。

4.握杆的注意事项

(1)上面手(左手)的位置

将杆头放在地面,用右手拇指和食指捏住杆柄末端固定球杆,然后张开左手握杆,使杆柄斜行通过手指,杆柄和食指中间的关节交叉,越过其余手指,握柄的末端通过左手小指的掌指关节。

接下来合拢左手手指,左掌小鱼际压在杆柄上方,如果小鱼际没有压在杆柄上方,说明杆柄过于靠近掌心。

最后,将左手拇指放在杆柄中心线偏右的位置,让拇指和食指根部贴合在一起。握好球杆后,感觉掌心与握把稍有空隙。

检查方法:可以在左手拇指与食指之间夹一个球座,待握杆完成后,左手能够将球杆握把包住。

(2)下面手(右手)的位置

左手握好球杆后,按照适合自己的握杆方法,将右手小指与左手食指连结(交叉、叠搭或贴紧)起来。然后合拢右手,右手掌心包住左手拇指,右手拇指放在杆柄中心稍微偏左的位置,抵住右手食指的根部。

(3)双手的 V 字形

当完成握杆后,要分别检查每只手拇指与食指形成的 V 字形(虎口)相对于上身的指向。左手的 V 字形大约指向右耳,右手的 V 字形大约指向右肩。

如果 V 字形的指向不正确,可以稍稍转动双手来调整,直到 V 字形指向正确的位置。

(4)握杆的三种变化

①中势握杆(标准握杆)(图 4-4)

双手平行握杆,左手手背方向与目标线平行,从上往下看,可以看见左手的食指和中指两个指关节,左手拇指在握把的中间。击球准备时,双手的 V 字形指向球手的右侧的耳朵和肩部之间,这就是所谓的中势握杆,也称为标准握杆。中势握杆在整个挥杆过程中,一般不会对杆面产生影响,在下杆击球时有利于还原到击球准备时的位置,是比较理想的握杆方式。握杆双手 V 指向如图 4-7 所示中间方框内。

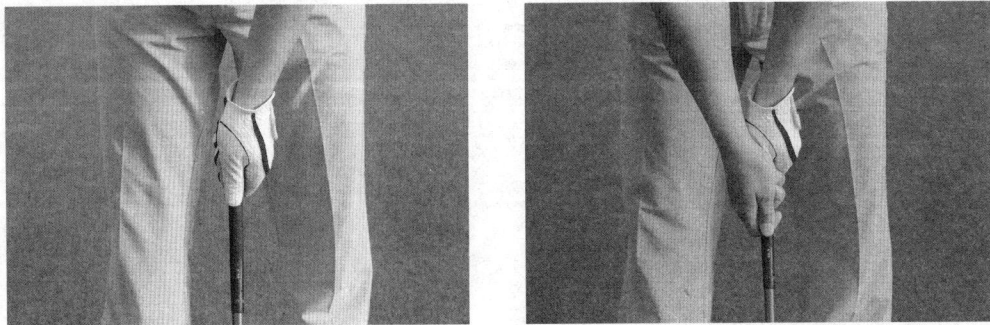

图 4-4　中势握杆

②强势握杆(图 4-5)

强势握杆是目前较为常见的一种握法,与中势握杆相比,这种握法左手位置偏右握,从上往下看可以看见左手食指、中指、无名指三个指关节。击球准备时双手的 V 字形指向右侧肩部以下。强势握杆容易造成肩部的关闭,当下杆击球时使球杆杆面也处于关闭状态。这样打出去的球,将会飞向目标的左侧。经常打右曲球的球手常以强势握杆来矫正右曲球。握杆双手 V 指向如图 4-7 所示球手右侧三角框内。

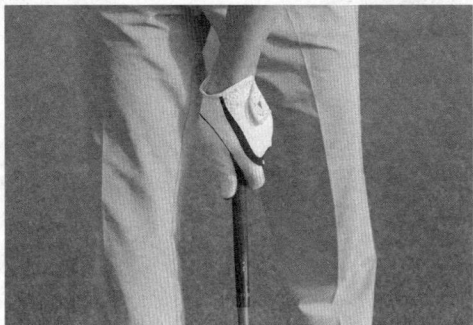

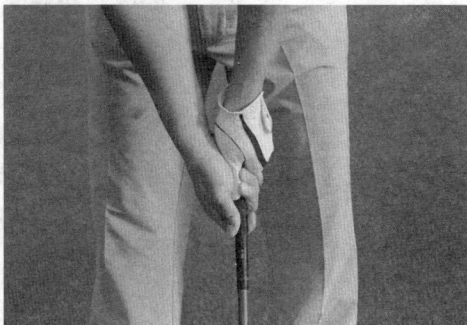

图 4-5　强势握杆

③弱势握杆(图 4-6)

这种握法左手位置偏向握把下方,同中势握法相比左手位置偏左握,从上往下看可以看见左手食指一个指关节。击球准备时双手的 V 字形指向右侧耳朵和左肩之间。弱势握杆容易影响肩部的姿势,当下杆击球时,肩部及球杆杆面被迫打开。如此打出的球,常常是弹道比较高的右曲球。握杆双手 V 指向如图 4-7 所示球手左侧框内。

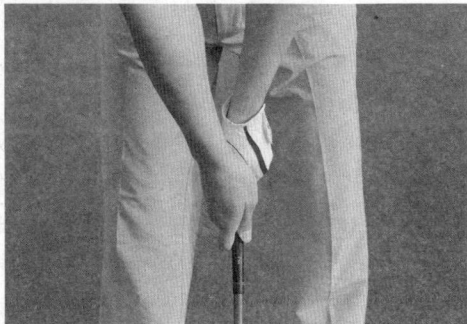

图 4-6　弱势握杆

(5)握杆的力度、感觉与强弱

①握杆力度要适中

握杆应坚实有力,不能太紧或太松。握杆太紧,容易导致手臂肌肉紧张;握杆太松,容易使球杆失去控制。握杆的力度,需要在平常练习时认真体会。

69

图 4-7　握杆 V 指向

②握杆要有一体感

双手持握球杆时,要感觉是手与杆一体的。如果双手分离,就会分散力量,在挥杆击球时打不出理想的球路;如果握杆随意性太大,就容易使球杆失去控制,导致击球失误。

③握杆强弱要适度

强势握杆容易导致击球时杆面关闭,打出去的球会飞向目标左侧;弱势握杆容易导致击球时杆面开放,打出去的球会飞向目标右侧。因此,球手多选择中性握杆。

5.握杆常见的错误及其纠正方法

(1)上面手(左手)的错误位置

有的握杆表面看是正确的,但右手隐藏着错误的左手动作。如果不张开手掌检查的话,可能永远不知道错在哪里。比如,球杆握把处于掌心的正中位置,从表面看并无明显错误,而实际上却使手腕受到了限制。这个错误将会影响击球的距离和准确性。

纠正方法:从放松的站位开始,略向前探身,肩部放松,左手掌面正对身体。保持双臂的位置不变,把球杆放在左手掌上。此时,应确定球杆杆面的前沿和前臂的后部是平行的。尽量让左手的大拇指指向杆身正面,轻微向杆身中心线右侧旋转,并略微收缩压在握把上面。

按照上述方法来做,应该能看到握杆的左手手背上面两个或者三个拳结。同时,张开左手能看到球杆握把从食指中间关节到小指根部的一条对角线(图 4-8 至图 4-10)。如此握杆,会增加挥杆击球的灵活性和协调性。

图 4-8　观察握把位置

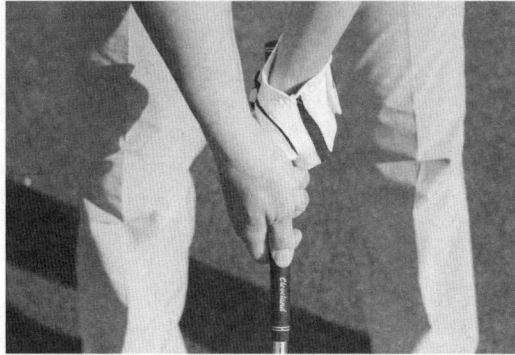

图 4-9　拇指在握把上的位置

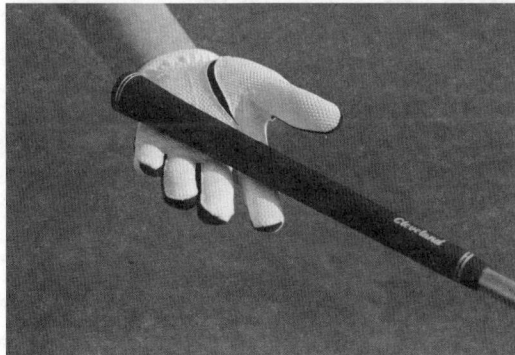

图 4-10　握把在手掌的位置

（2）右手握杆的错误位置

任何一次正确的挥杆，都是身体左右两侧相互作用的结果。业余球手握杆时往往过于用力，球杆握得太紧，好像在用力握一把锤子。也就是说，过度使用右手来支配左手是不正确的。

如果以右手为主导来握杆,将会破坏上挥杆的幅度和节奏,球杆杆面也会发生变化,同时在下挥杆时,会影响上肢的回转动作。

纠正方法:主要以左手为主导来握杆,右手起辅助作用。球杆握把应当形成从小指的指根部位到食指中间关节的一条对角线(图4-11)。当完成右手握杆时,左手拇指会被右手完全覆盖,并且恰好在右手拇指根部的肉垫下面。

图4-11　握把在右手所处的位置

完成握杆后,检查并确认两手手背是互相平行的状态,并且右手食指和中指之间留有一点缝隙。右手食指应以扣扳机的动作环绕握把(图4-12),食指前部应与拇指前部有轻微的接触。

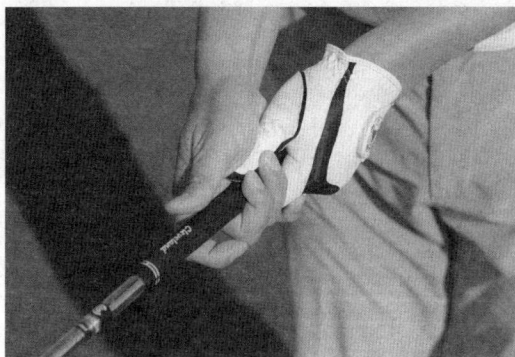

图4-12　右手食指环绕握把

无论习惯重叠式握法、互锁式握法还是棒球式握法,只要右手辅助左手完成握杆,都会有利于两手协调一致地运动,从而实现稳定、扎实的击球(图4-13)。

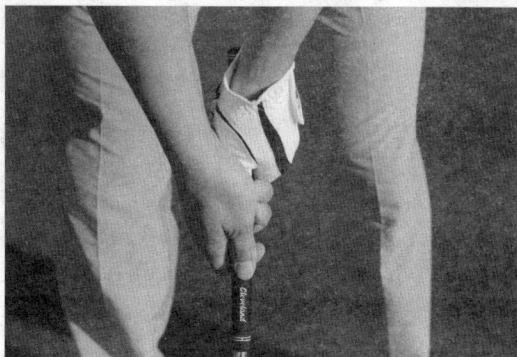

图 4-13 双手协调地握杆

（3）挥杆过程中握杆松弛

用手臂挥杆是一个非常严重的错误。其中，手部在任何动作环节中出现松弛，都会影响挥杆击球的效果。这种错误通常有两种表现形式：一种是右手掌垫与左手拇指松弛，相互分离；另一种是左手小指、无名指和中指三个手指松弛，离开握把末端（图 4-14、图 4-15）。

图 4-14 右手掌垫松弛

纠正方法：稳固手与球杆的关键接触点，控制球杆对手部的压迫点。例如，瞄球站位时，左手小指、无名指和中指三个手指应当贴近握把末端。当右手掌心覆盖左手拇指时，左手拇指应有"受压"感，同时右手食指应对握把产生"抵触"感。

检查挥杆过程中手与球杆的接触点是否稳固，可以在左手与球杆握把之间放几片草叶，露出来的部分沿着左手拇指向上延伸，直到露出右手的上面（图 4-16 至图 4-18）。然后，做半挥杆击球动作，始终保持草叶所在的位置不变。

73

图 4-15　左手手指松弛

图 4-16　手和握把间夹草叶

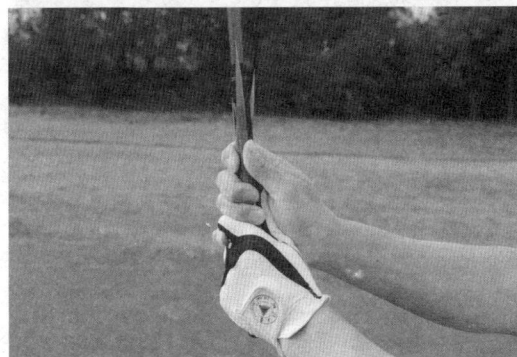
图 4-17　草叶的位置

图 4-18　保持草叶的位置

二、站姿

当握好球杆后，就需要确定站位，摆好站姿。站姿是高尔夫球基本技术的重要组成部分，它直接关系到上杆、下杆、收杆过程中能否保持身体平衡。不正确的站姿，会造成挥杆过程中的身体晃动和被动调整，使杆头和杆面出现变化。

（一）站姿的含义

站姿即身体站立的姿势，是指挥杆击球准备时身体从头到脚的整体静态动作。它包括身体各部位和关节所处的位置，其中身体各部位的位置主要可划分为上肢位置、下肢位置、头部位置和腰部位置。事实上，在高尔夫球运动基本技术中，站姿包括站位，而站位并不包括站姿。同时，站位和体位都与球位和球杆密切相关。所以，根据球位和球杆选择站位，根据球位和球杆调整体位，都是介绍和分析站姿技术的重要内容。

站位，通常解释为人或物所处的位置。按照高尔夫球规则的解释，站位是指"球手为准备击球而安置好双脚的位置"。可见，规则所说的站位，专指两脚所处的位置。因此，站位无疑是站姿的重要组成部分。普遍认为，两脚与肩同宽是最适宜的站位宽度。因为站位过宽或过窄，都容易使挥杆击球动作出现偏差。

体位，即身体的位置。在站姿中，体位主要指球手在挥杆击球准备时身体各主要部位的所处的静态位置。它包括头、颈、手、臂、肩、髋、膝等所处的位置。

球位与球杆是影响站姿的重要因素。其中，球位即球所处的位置，它一般包括两种情况：一是比赛时的球位，一般是固定的、不可移动的；二是训练时的球位，它是可以任意移动和摆放的。下面的描述主要是指前者。球杆是身体与球连接的介质,球杆的长短,一般决定站位的宽度以及身体的整体姿势。使用木杆与短杆,其站姿会根据技术需要做出相应调整,这是正常的和必要的。

根据球位、球杆调整站姿,也是因人而异的。即使是同样的球位和同一支球杆,也会出现不同的站姿,这主要是由球手的身体条件、技术水平、个性特点等所决定的。

(二)站姿的方法

1.站位

"千里之行,始于足下。"双脚稳固地站位,是高尔夫球挥杆击球力量的源头。要想追求完美的挥杆,完成漂亮的击球,必须从站位开始做起。站位取决于球所处的位置,应当根据球位来调整双脚的位置。

(1)站位的方法

以右手球手为例,主要有三种站位方法:

第一,平行式站位。平行式站位是最常用的基本站位形式。两脚尖的连线与目标线平行,在上挥杆时左肩便于向内侧扭转,容易完成动作(图4-19)。挥杆路径为由内而内,能够打出直行球,这种站位最为适合初学者(图4-20)。

图4-19 平行式站位

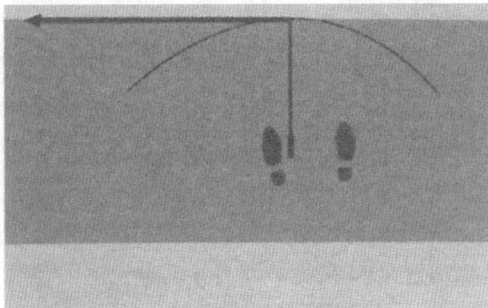

图4-20 挥杆路径由内而内

第二,开放式站位。开放式站位是相对于球的目标线右脚比左脚偏前的站位方式(图4-21)。这种站位的优点是方向性好,多在不追求距离而强调方向的中短距离击球时采用。较其他站位而言,开放式站位身体转动和送杆相对容易。挥杆的路径为由外而内,杆面呈开放转态,击球距离短,容易打出右曲球(图4-22)。

图 4-21　开放式站位

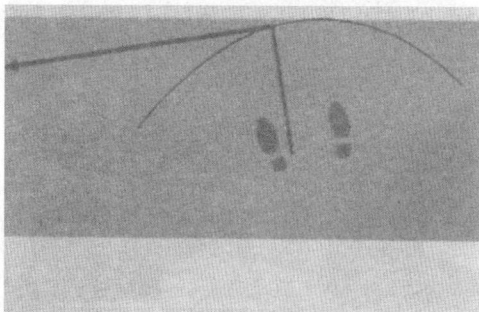

图 4-22　挥杆路径由外向内

第三,关闭式站位。关闭式站位是相对于球的目标线左脚比右脚偏前的站位方式(图 4-23)。挥杆的路径为由内而外,杆面呈关闭状态,击球距离增加,容易打出左曲球(图 4-24)。

图 4-23　关闭式站位

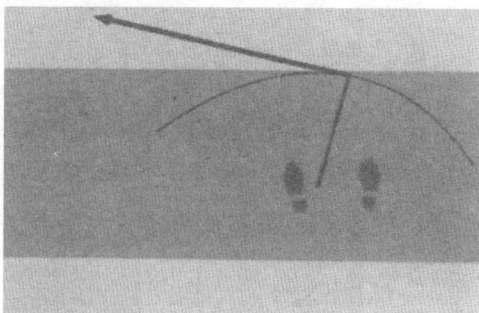

图 4-24　挥杆路径由内而外

(2)球位

球位是根据球杆的不同将球放置于双脚之间的不同位置。球位的选择直接影响挥杆路径和挥杆平面。球位的选择与球手的握杆方式、个体特征(高、矮、胖、瘦)及挥杆类型等有关,是击球准备中与握杆具有同等意义的重要环节。

现代高尔夫球位的确定方法主要有两种:杰克·尼克劳斯球位和本·霍根球位。

①杰克·尼克劳斯球位(图 4-25)。杰克·尼克劳斯球位是指左脚保持固定,右脚随球杆号数的递减向右移动来确定球位的方法。球杆号数越小,右脚向右后移动的距离越大,采用的是封闭式站姿。球杆号数越大,右脚越向左前移,采用的是开放式站姿。

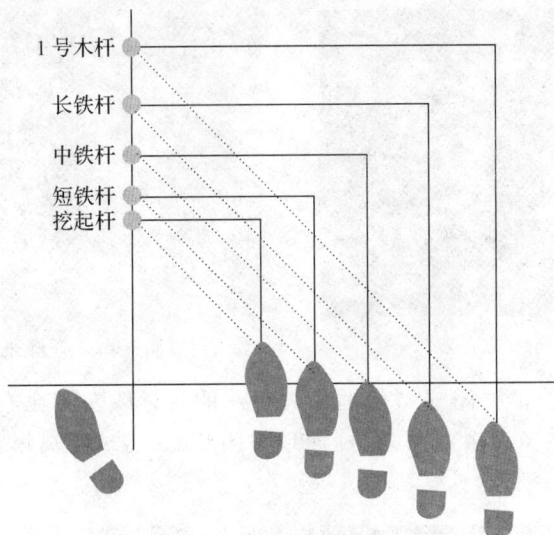

图 4-25　杰克·尼克劳斯球位

②本·霍根球位(图 4-26)。本·霍根球位是根据球杆的不同,以双脚中央为基准向左右稍作调整来确定球位的方法。在保持挥杆动作不变的同时根据杆身的长短以及杆面倾角的不同,击打出不同的距离和飞行路线。球杆越短,球位越靠右。由于短杆的杆面倾角较大且构造不同,球位适当向右移动是完美击球的保证。

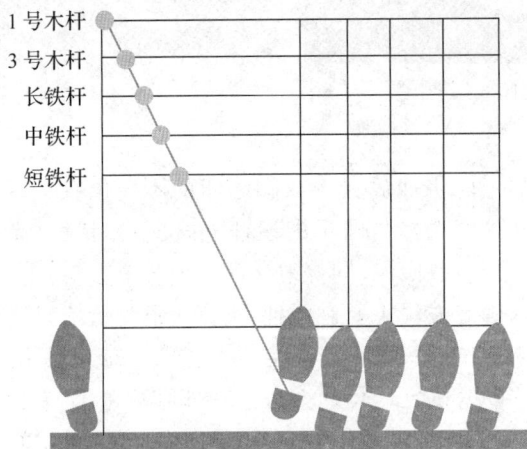

图 4-26　本·霍根球位

2.体位

站姿中的正确体位,可以通过点与线的连接使其具体化。这样有利于具体分析上肢动作与下肢动作是否协调,头部、颈部、臀部以及肩关节、髋关节、膝关节所处的位置是否正确。

正确的体位,从身体侧面观察可以发现,整体呈现三条线,分别是:踝膝线、膝髋线和髋颈线(图 4-27)。

图 4-27　体位的三条线

从身体上下观察可以发现,腋窝、膝盖和脚掌可以连成一条直线(图 4-28),这条线是正确体位的纵向线。

图 4-28　体位纵向线

观察上体,可以发现髋、肩、颈、头可以连成一条直线(图 4-29)。髋部角度自然,臀部提起;脊柱平直,背部自然弯曲。同时,下颏上抬,远离前胸。

图 4-29　上体直线

观察下肢,双膝稍有弯曲,呈 $8°\sim10°$。这样便于在挥杆转体时起到稳定支撑作用。

仔细观察还会发现,正确的体位,颈部、两肘、两膝以及两脚掌,都处在同一平面上。

(三)站姿的要求及注意事项

站姿和握杆一样,在高尔夫球技术中起着举足轻重的作用,因为挥杆击球的目的是将球打到预定地点,所以站姿的好坏将直接影响挥杆击球的质量和球的飞行方向。

由于每支球杆的长度不同,杆面角度也不同,在下杆击球时的触球角度也就不同。所以,使用不同的球杆,应相应调整站姿。如果使用 1 号木杆击球,球应该与左脚跟对齐;使用中短杆击球,随着球杆杆身变短,球位应适当靠右;挖起杆的球位应最靠右边,球杆也更靠近身体。要处理好球位与站位的关系,最好是从球的位置上引出一条与球飞行方向垂直的线,然后使前侧脚跟靠近该线。

不同的球杆会产生不同的球位。随着球杆的不同,站位的宽度、脊柱的角度也要相应调整(图 4-30)。

图 4-30　球杆与站位的变化

　　站位的宽度,是指两脚跟内侧间的距离。选择站位时,不要离球太远,双臂应自然下垂,不要向前伸展。另外,要根据球杆的长短来调整站位宽度,球杆较长时站位相对宽些,球杆较短时站位就窄些(图 4-31)。

　　身体上肢与下肢的静态位置,应以脊柱为中心,两脚及身体各部分的重量分布应均衡、平稳(图 4-32)。

图 4-31　站位的宽度

图 4-32　重心分布

　　脊柱角度并不是一成不变的,而是动态的。当使用短杆时,脊柱弯曲角度最大,随着球杆的加长,脊柱弯曲的角度则相应地减小(图 4-33)。

图 4-33　脊柱角度

图 4-34　双脚的指向

　　双脚的指向，一般指的是双脚张开的程度。要根据自身柔韧性和挥杆幅度来调整双脚的指向(图 4-34)。

　　做好站姿后，应注意身体重心的调整，将身体平衡点调整至前脚掌上(图 4-35)。

　　臀部的位置与做好站姿时的腰部位置是相互协调的(图 4-36)。

图 4-35　站姿平衡状态

图 4-36　臀部与腰部的位置

　　球杆末端与身体的距离，要根据自己的身高和使用的球杆来调整(图 4-37)。

　　双臂处于自然下垂状态(图 4-38)，有利于在挥杆时形成钟摆动作。初学者容易出现双臂前伸动作，这主要是球位与站位距离太远造成的。

图 4-37　握把末端与身体的距离

图 4-38　双臂自然下垂

尽管球手按照上述要求一丝不苟地练习,但从整体上来说,每个人的站姿总是不尽相同的。站姿可以不同,但基本内涵应是相同的。在赛场上,球手风采各异,动作各具特色,常常给观众留下深刻印象。这或许就是球迷刻意模仿球星动作的缘由。

(四)站姿常见的错误及其纠正方法

1. 错误的站位与球位

错误球位和站位,主要表现在球过于靠近或远离身体,这种错误非常普遍,特别是在业余球手身上屡有发生。需要注意的是,如果水平不高的球友给你提建议,指出球离身体太远或者太近,一定要谨慎对待。因为球友看起来非常正确的球位,对你来说未必是最好的。另外,每个人的身材不同,观察球位的角度也不一样。

纠正方法:常打右曲球的球手,可在将球位移近身体的同时,让杆头以内侧触击球,形成由内向外的挥杆线路。这是矫正右曲球的方法之一。

使用木杆击球时,应当将球置于和左脚跟相对的位置,而在使用铁杆时,应当将球向后移动两个球宽度的位置。

2. 站位过宽或过窄

采用过宽或过窄站位的球手不在少数,他们或许认为宽站位会带来更大的稳定性和更大的力量,而窄站位会给挥杆击球带来更多的方便和灵活性。其实不然,宽站位有利于挥杆的稳定,但容易导致下半身紧张,不利于身体的转动,使上肢过度参与击球;窄站位有利于身体的转动,但容易造成重心不稳,也不利于调动下半身力量击球。

纠正方法:形成与肩同宽的站位习惯,这样有利于维持平衡和保证身体旋转及重心稳定。两个脚跟内侧的距离不要小于或大于肩膀的宽度。一般来说,使用不同的球杆可以适当调整站位。如使用木杆,站位可稍宽些;使用挖起杆,站位应当窄一些。

3.错误的体位调整

一般来讲,业余球手的一次低质量的挥杆,通常会将球打向目标左侧。为了处理好这样的情况,球手本能地采用闭合站位,从而使身体的方向指向目标的右侧。这样一个错误的站姿,将导致右肩处于非常低而顺从的位置,同时影响眼睛所瞄准的目标线,结果使身体重心过于偏右,头部与球的距离太远。

纠正方法:站位时,胸部应相对于目标线稍微打开一些,仅用右手握住球杆,然后,保持身体右侧在原来的位置不变,再放上左手。应当感觉身体有点倾斜,就仿佛在下坡球位打球;右前臂可稍微高一点,膝盖、臀部和眼睛应当恰好与杆的指向平行,也就是身体左侧恰好与球和目标线相互平行。

4.身体拘谨

在准备击球时,每个球手或多或少都会有紧张的感觉。身体紧张容易破坏流畅挥杆的节奏。

纠正方法:在握杆前,可先抖动双手或做双手拍掌动作,还可以做双臂和肩部悬挂动作,让全身都有松弛的感觉。

站位和瞄球时,身体一定要放松。所谓放松,并不意味着松弛地握杆。

5.错误的挥杆击球画面

大多数球手站姿不稳、挥杆不连贯的原因是脑子里没有一幅清晰的挥杆画面,或脑子里的画面过于复杂,又或脑子里存留错误的画面。

纠正方法:出现站姿不稳,可想象这样一个画面,躯干被限制在圆桶内做旋转,同时沿着圆桶的边缘上下挥动球杆。同时,需要改变挥杆平面,使身体做准确的旋转动作。此外,可多看一些书籍、影像资料等,注意观察他人的正确挥杆动作,并把这种影像输入大脑,变为记忆。

三、瞄球

瞄球作为高尔夫球基本技术的组成部分,是身体、技术和技巧运动,也是一项脑力的运动。比如,在什么时候击球和把球击向哪里,都需要球手把自己通过视觉和感觉获取到的信息,及时传递给大脑进行分析和判断。在这一过程中,要发挥个人的想象力,预设好理想的挥杆线路和击球目标。

(一)瞄球的含义

瞄球是指借助视觉和感觉将球杆杆面对准球及目标方向的过程,它是高尔夫基本技术中非常重要的部分。只有正确地瞄球,才能保证身体流畅地运动。如果瞄球失误,身体就会接收大脑错误的信息,导致击球方向的偏离。

瞄球的三个关键点是身体、球和目标。每次挥杆的时候,都应将这三个关键点刻印在脑海中,然后由大脑指挥完成动作。

瞄球的基本姿势应该是:在站姿完成后,身体仿佛是在一个较高的椅子上似坐非坐,臀部提起,上体前倾;两臂自然下垂,两手正确握杆,手与球杆握把位于左大腿内侧,距离保持大约一拳左右;两膝屈曲,稍向内扣;眼睛盯在球后方;两肩的连线、腰部的横线和两膝的连线、脚尖的连线,应与球的飞行方向平行。在瞄球时,要按照从杆面、双臂、双肩和躯干、髋部、双膝、双脚这样的顺序来进行瞄球。

(二)瞄球的方法

1.杆面瞄准

杆面瞄准,就是确定球杆杆面与目标线的关系。瞄球过程中的每一个环节,都是围绕如何使杆面指向正确的方向进行的。在瞄球前,首先应通过观察,在球与目标之间找到一个参照点。许多有经验的球手都不会忽略这一细节。球的位置、参照物、目标三者的连线,常常作为瞄球的基准线。这条线既可以协助球手完成瞄准的其他环节,又可以检查挥杆位置是否准确。只要杆面与目标线或瞄球基准线垂直,杆面瞄准就算完成了。

2.两臂的姿势

使用强势握杆或弱势握杆会直接影响双臂的瞄球(图 4-39)。

两臂应自然伸出,前侧肘部朝向前上方,前侧腋轻轻夹住,两手握紧球杆。因为下面手在上面手的下方,所以后侧臂较前侧臂稍下沉,后侧肘部也稍向前上方,略弯曲靠近后侧腹肋部,后侧腋同样轻轻夹住,两臂从整体上有相互靠拢的感觉。

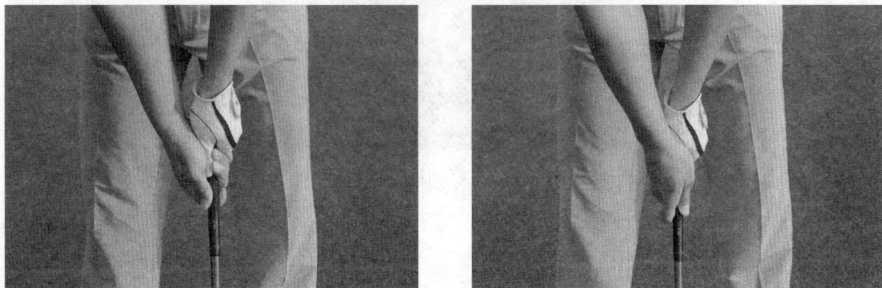

图 4-39　握杆的强势与弱势

从后侧看,因为后侧肘稍有弯曲,故前侧肘较后侧肘相应靠前。

两臂不能过度下沉,过度下沉会使球杆的趾部翘起,这样瞄球容易造成以杆头跟部击球的错误动作。但是,也不要使手臂过分上提,使身体过分直立,形成不平衡的挥杆动作。

3.躯干的姿势

在瞄球时,应保持背部平直,自然前倾。前倾的程度应随球杆的长短而定,通常来说,球杆越长则前倾度越小,反之则越大。腰部要自然挺直,尽量保持上体与下肢处于稳定状态。只有这样,才能确保挥杆击球动作的完整性和连贯性。

瞄球最忌讳的就是含胸驼背,这主要是由于躯干纵轴不直导致。出现这样的姿势,一则不利于上杆时身体的扭转,二则不利于下杆击球时调动腰部和下肢的力量。其结果是,过度依赖上肢,尤其手臂的力量挥杆击球。

4. 肩部的姿势

两肩放松,因为下面手在上面手下方,所以后侧肩要下沉,使之稍低于前侧肩,两肩的连线要基本与球的飞行方向平行。

5. 髋部的姿势

髋部要略向后突出。这样既有利于保持躯干和腰部的稳固,也有利于身体的灵活转动(图 4-40)。

图 4-40　稳固的髋部

6. 两膝的姿势

两膝稍有弯曲,其弯曲程度与上体的前倾程度相适应,并随球杆的长短而变化。两膝的弯曲应当是非常自然的,这样可以保证挥杆时身体转动轴的稳定,防止身体左右晃动。在挥杆过程中,弯曲的两膝会产生相应的弹力,这种弹力对于击球具有重要意义。

7. 体重的分配

在瞄球时,体重应均匀地分布于两脚之间。一般来说,以两脚各分担一半为宜,尽可能由两脚内侧承担更多的重量。前脚掌内侧要尽量压紧,重心位于两脚掌心连线的中心部位。体重的这种分配方式可以保证身体的稳定,有利于身体以脊柱为轴进行扭转。

8. 两脚的位置

一般情况下,球的位置应在前侧脚跟一杆头距离的前方。在对球站位时,两脚应处于与球的飞行方向垂直的线上,然后,将前侧脚尖稍向前侧横移,后侧脚尖稍向后侧横移。这样就完成了对球站位。

根据使用球杆的不同,站位的宽度要以移动后侧脚的幅度来调节。球杆越长,后侧脚向后侧移动越多,而球距离身体也就越远。

(三)瞄球的要求及注意事项

第一,从放置球的位置开始,由此位置设想总体和具体的目标。身体放松,精神集中,进行一两次深呼吸,然后握杆。

第二,根据所使用的球杆,确定球与脚的距离,以轻轻踏脚的方式调整站姿,保持两脚的稳定。

第三,两肘弯曲,将球杆举至体前,两手向右回旋,检查右手的中指和无名指的握杆。再向左回旋,检查中指、无名指和小指的握杆。

第四,将两臂自然伸出,使杆头位于球的正后方,杆面正对球的飞行方向,杆头底部轻轻触地。

第五,两臂弯曲,上体前倾,头颈部保持正直、放松,目视球。

第六,轻轻晃动杆头。为了使挥杆动作更加流畅,在开始挥杆之前,左右摆动一下杆头,这样有利于集中精力瞄球。

(四)瞄球常见的错误及其纠正方法

1.错误的肢体动作

初学者在瞄球时,有的习惯弯着腰、弓着背;有的过度弯曲或伸直双腿;还有的下颏贴着胸部;等等。这些都是瞄球时的错误姿势(图 4-41、图 4-42),错误的瞄球姿势将会导致错误的挥杆。

图 4-41　错误的上肢动作　　图 4-42　错误的下肢动作

纠正方法:调整身体角度。首先,身体直立,分开双脚,然后微屈双膝,直到能感觉到

重心移到脚掌的脚弓部位,髋部上翘,后背不要弯曲,并且保持下巴微抬。然后,自然放下双臂。最后,身体左侧的髋部和肩膀略微高于右侧,同时放松身体右侧的部位,稍许降低右肩(图 4-43)。

图 4-43　身体左高右低

2.错误的杆面朝向

业余球手在准备击球时,有的杆面过于开放,有的则过度闭合。一般来讲,开放的杆面瞄向的是目标右侧,闭合的杆面瞄向的是目标的左侧。杆面的朝向不准确是产生左、右曲球的重要"元凶"。

纠正方法:处理好球杆、球及击球目标的关系。注意球位与站位的距离,尤其要注意杆面既不能开放,也不能闭合,要保持杆面的方正。练习时可在地面上放置一支球杆,使球杆指向目标,完成正常的站位和握杆后,将杆提到与腰部一致的高度,确保杆面前沿垂直,也就是指向挥杆平面 12 点的位置,这时的杆面就方正了。接下来将杆头放下,杆头接触到地面,使球杆杆面形成正确的角度。

3.错误的击球目标

通常有两种方式可能会导致击球目标的错误。有些球手双脚连线指向目标,并将这个错误附加到髋部、肩膀和球杆杆面的瞄球指向上,结果是错上加错,还有一些球手通过简单调整瞄球路线来平衡挥杆。例如,有的球手的挥杆是由外而内,并且杆面是开放的。

纠正方法:想象在两条平行的铁轨上挥杆击球的画面,用球杆杆面沿着一条铁轨来瞄球,双脚站在另一条铁轨上面,眼睛、肩、髋、膝都应与脚尖平行。这种瞄球方法也适用于 1 英尺(约 30.5 厘米)的短推,推杆杆面应笔直地对准球洞,而身体应当与球洞左侧的一点保持平行。

第二节　挥杆击球技术及运用

　　挥杆是指挥动高尔夫球杆,击打静止于地面的高尔夫球的过程。挥杆的功能是实现球向目标的远距离飞越,良好的挥杆动作是使球获得正确飞行方向和理想飞行距离的保证。挥杆的使用区域是在发球区和球道区。

　　挥杆使用两种杆型:木杆和铁杆。木杆的用途是要将球击打到尽可能远的距离,适合在发球台或长距离击球时使用;铁杆所追求的是准确性,早期铁杆是为解决疑难球位而设计的杆型,随着高尔夫球运动的沿革,铁杆逐渐演变成在追求准确度时,特别是在攻击球洞区时所必备的杆型。

一、影响挥杆过程的要素

1.挥杆平面

　　挥杆平面是在挥杆过程中杆身运动所形成的假想平面,用以描述球杆挥动的路径和角度。从挥杆启动到结束,球杆围绕球手转动所画出的弧线和路径形成了挥杆动作的平面。被认可的标定挥杆平面的方法有两种:锥形标定法(图 4-44)和平行线标定法(图 4-45)。

图 4-44　锥形标定法

　　挥杆平面的陡峭或扁平,是相对于挥杆平面与地面的夹角而言。球手的身高、站姿,杆身的长度和仰角不同,挥杆平面也因人而异和因杆而异。个高的人挥出的挥杆平面比较陡峭,个矮的人挥出的挥杆平面相对扁平。杆身越长挥杆平面越扁平,杆身越短挥杆平面越陡峭。

图 4-45　平行线标定法

较为扁平的挥杆平面倾向于从目标线内侧击球,打出的是左曲球;较为陡峭的挥杆平面倾向于沿目标线击球、线外侧击球,打出的是右曲球。

2.杆面状态

在击球的一瞬间,杆面的朝向决定了球的飞行路线。杆面方正则球的飞行路线与目标路线平行;杆面开放则使球右旋,形成一种右曲球;杆面关闭则使球左旋,形成一种左曲球。

3.方正击球

在击球瞬间以杆头的甜蜜点击中球(图 4-46、图 4-47)则为方正击球。击球点的偏差越大,方向和距离偏差就越大。如果以杆面趾部位击球会产生左曲球,用杆面跟部位击球会产生右曲球。除了甜蜜点击球外,杆头的底边要与地面平行,如果击球时杆头前端翘起会产生左曲球,而杆头后跟提起会产生右曲球;如果以杆头甜蜜点上部击球会形成高飞球,而以杆头的甜蜜点下部击球会形成低飞球。

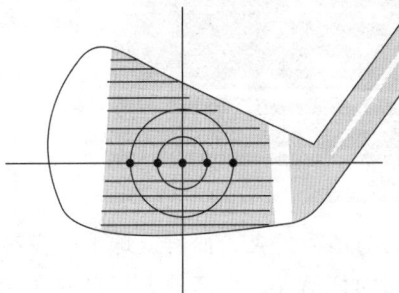

图 4-46　铁杆甜蜜点

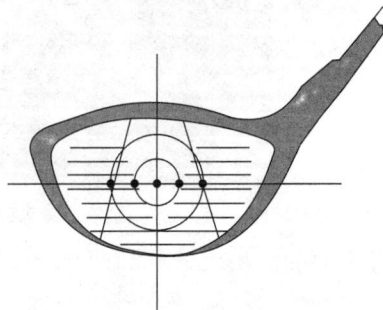

图 4-47　木杆甜蜜点

4.击球角度

击球角度是指挥杆击球时杆头形成的轨迹与地面形成的角度。击球角度有向下、平行和向上三种状况(图4-48、图4-49、图4-50)。向下挥杆击球时球杆的有效倾角变小,球产生后旋,且弹道变高,适用中、短铁杆击球;平行击球产生标准弹道,适用长铁杆、球道木杆击球;杆头从最低点向上挥击球,击出的球向前旋转,弹道较低,球的飞行距离较远,适用1号木杆击球。

图4-48　杆头向下运行击球

图4-49　杆头平行运行击球

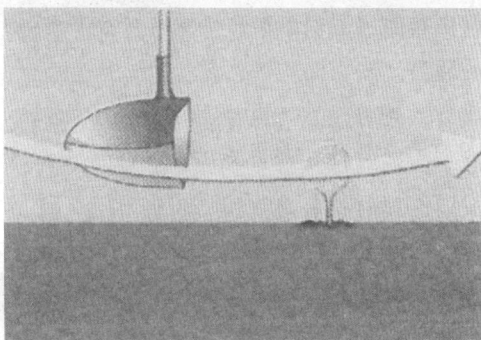

图4-50　杆头向上运行击球

5.杆头速度

正常情况下,击球时的杆头速度越大,球飞得越远,在其他条件不变的情况下,杆头速度越快,给球的后旋越大,因而弹道越高。

6.挥杆节奏

要打出又远又直的好球,还必须控制好节奏。挥杆节奏原则上应该是:引杆、上杆慢,下杆快,送杆、收杆慢。但是,整个挥杆节奏的快慢因人而异,在挥杆击球时不应有不必要的发力,保持一贯的挥杆速度和节奏是非常重要的。

二、挥杆技术动作分析

挥杆的全过程可分解为:起杆、上杆、顶点、下杆、释放、击球、送杆、前挥和收杆9个步骤。整个挥杆过程应该给人连续、完整、节奏清晰、柔和顺畅的感觉。

1.起杆

当杆身与地面平行时,起杆完成(图4-51)。此时,双肩与双臂形成的三角形保持不变,手腕的角度与瞄球时相同,臀部位置不变,起杆时要有"推上去"的感觉,而不是"用手臂举起球杆"。

图 4-51　起杆

2.上杆

上杆的位置可定义为前侧手臂与地面平行,杆头指向天空(图4-52)。此时左手腕沿拇指一侧稍上翘,肩部、腰部、臀部依次转动,身体重心逐渐移向右腿内侧,手臂和手背与目标线平行。

图 4-52　上杆

3.顶点

这一姿势常被称为挥杆的过渡动作,因为它是挥杆方向自上而下的转换点(图4-53)。此时头部相对躯干保持不动,左肩紧贴下巴右转90°至右膝内侧上方,髋关节右转45°,重心右移至右腿内侧,右膝稍内扣,左臂保持直臂,右臂上臂自然靠近身体右侧,右肘向上弯曲90°,杆身与目标线平行,杆面方正,杆趾指向地面,身体各个关节依次扭紧,完成能量储蓄。

图4-53　顶点

4.下杆

下杆是由身体姿态的变化引导开始的,而不是由双手和双臂的动作引导开始的(图4-54)。下杆的起动以推髋转腰开始,肩和手臂的相对位置保持不变,右肘下拉紧贴自己的右肋部。

图4-54　下杆

5.释放

释放是将球杆送至击球位置,因此这是挥杆动作最关键的时刻。释放位置可定义为在下杆时杆头挥至臀部高度的位置(图4-55)。此时杆身达到与地面平行的位置,通过髋、肩的回转,身体重心向左侧转移,将身体积蓄的能量传递至手臂。左臂与杆身尽可能保持90°角,杆身保持与目标线平行,以加大击球时的"延迟"释放或杠杆作用,增加击球的距离。

图 4-55 释放

6.击球

这是最真实的时刻,杆头击球的方式决定球的飞行。击球时身体积蓄的能量完全释放,杆头速度达到最快。此时髋部继续向左转动,左腿、左髋、左腹外侧、左颈部受力感明显,左腿起支撑和平衡作用;双肩和双臂保持三角形不变,左臂和球杆几乎成一条直线;左手腕击球瞬间打直,手背与目标线垂直,保证杆面方正击球(图 4-56)。

图 4-56 击球

7.送杆

在送杆位置双臂伸直,双腕完全伸展(图 4-57)。送杆紧接着击球产生,让杆头击球后沿着低平的轨迹运动。此时双肩、双臂和球杆构成的 Y 字形仍然保持,杆身的延长线指向腹部的纽扣,此条线位于双臂之间,右髋继续转动,右侧脚转动更多并且向大脚趾内侧方向前移。

图 4-57　送杆

8.前挥

前挥指的是后侧手臂与地面平行时的动作(图 4-58)。此时双臂指向球飞出的方向，左手手腕自然弯曲，右肩下沉，杆身延长线通过身体，身体面向目标，后侧腿朝向目标线。

图 4-58　前挥

9.收杆

收杆是指挥杆动作停止时的位置，这一位置最重要的就是保持平衡。结束动作应该是轻松自如的，而不应该是身体转动到极限。此时身体呈反 C 字形或 1 字形，头部转向目标方向，双臂自然弯曲，双手在左肩上方，左腿支撑身体，右膝靠向左膝，右脚脚尖点地并朝向目标方向，身体保持平衡(图 4-59)。

三、初级挥杆击球技术及运用

初级挥杆击球技术主要要求掌握中铁杆技术，尤其是 7 号铁杆技术，初学者需要着重练习以下几个环节。

图 4-59　收杆

1.引杆:引杆是击球动作从静止到运动的开始,是身体开始转动并将杆头向后上方摆动的动作(图 4-60)。

图 4-60　引杆

(1)从起始位置起向上引杆时杆面逐渐打开,杆引至顶点时,杆面朝向身体正前方;

(2)引杆时保持身体纵轴稳定,手臂动作舒展、缓慢;

(3)身体重心放到右脚内侧。

2.击球:击球是下挥杆的组成部分,是运用杆头的重量及挥动速度触球并使球向前运行的技术(图 4-61)。

图 4-61　下挥击球

(1)击球动作的稳定性是打好球的首要条件;

(2)球飞行的速度主要由杆头的速度决定;

(3)击球时动作连贯,身体到手臂的挥动要放松自然。

3. 顺势摆动:击球后球杆的摆动是挥杆击球技术的有机组成部分,良好的击球技术自然形成击球后的随势摆动(图 4-62)。

图 4-62　顺势摆动

(1)击球后顺势用力,将杆头连贯向前挥出;

(2)右臂随着球杆的挥动前行,并带动右肩围绕身体纵轴转动前送;

(3)左臂连同肘部顺势向前向上挥动,右臂自然前伸,腰和肩随重心向前左转,重心落在左脚上。

四、中级挥杆击球技术及运用

中级挥杆击球技术要求在熟练掌握中铁杆技术之外,能够运用 1 号木杆击球,中级者需要着重练习以下几个环节。

(一)引杆

1. 后引

(1)杆面瞄准球的后方,左臂自然伸直握住球杆并与球杆成为一个整体,与右臂、肩形成一个三角形(图 4-63)。

图 4-63　左臂、右臂与肩构成的三角形

(2)保持左臂与球杆的相对位置,球杆缓缓右摆并将杆头向后方摆动约 30 厘米(图 4-64)。

图 4-64　球杆后摆

（3）身体重心向右移动，同时上体向右后转动，使身体形成充分扭转拉紧状态。

2. 上挥

（1）与后引动作连贯而上，继续保持左臂与球杆的整体状态，左肩前伸，以杆头为指向，左臂伸直并以左手带动向右后转动（图 4-65）。

图 4-65　上挥

（2）同时，右臂外展，右肩放松打开，整体随杆一起转动（图 4-66）。

图 4-66　随杆转动

　　(3)头部基本保持原有状态,两眼注视球,左肩继续旋转至下颌的下方,重心外移至右脚,球杆挥到最高点(图 4-67)。

图 4-67　顶点

(二)下挥杆

　　下挥杆是指将球杆从最高点向下挥动的过程。下挥杆是高尔夫球击球的关键点,球手的力量由此发挥,杆头的速度由此产生(图 4-68)。

图 4-68　下挥

　　1.右脚蹬地左脚支撑,身体重心左移,自下而上做鞭打动作,保持左臂与球杆的相对稳定;

　　2.以左肩为轴甩动左臂,并带动球杆做圆周运动;

　　3.左肩自然转动外展,右肩经前下方摆动,左臂保持伸直,右臂放松跟随向下向前挥动。

(三)击球

　　击球是完整挥杆动作中球杆触球的一个瞬间,它是运用杆头的重量及速度,将球击向目标位的短暂过程,其关键点是合理运用技术优势,充分发挥球手身体的力量,并将此转化为杆头的速度,准确击中球(图 4-69)。

图 4-69 击球

1.增加挥杆的工作距离

(1)随着上杆及后引动作,身体重心缓缓向击球反方向移动,并保持身体重心相对稳定;

(2)身体转动过程中保持上体稳定,双肩放松,胸廓打开,左臂前伸。

2.提高击球瞬间的绝对速度

(1)挥杆击球时全身协调配合,从蹬地发力移动重心,到送髋转腰带动躯干,直至挥臂送杆依次连贯完成,充分完成鞭打击球动作;

(2)击球时要击中甜蜜点,以杆头面击中球背的正中部位,完成能量的最大转换。

(四)顺势摆动(图 4-70)

图 4-70 顺势摆动

1.一个全力的挥杆击球,其能量从脚下迸发,并随着完整的鞭打动作传递至杆头最远端。因此,挥杆结束时身体重心跟随球杆向前向上运动,指向目标。

2.杆头触球后顺势继续加速,并超越身体向前挥出;球杆挥至最远端后自然回摆,双臂随重心继续向前,并跟随球杆环绕身体摆动。

五、高级挥杆击球技术及运用

高级挥杆技术在熟练掌握中铁杆和 1 号木杆的基础上,要求掌握球道木杆、长铁杆和短铁杆(包括劈起杆和沙坑杆)的击球技术,并能灵活运用。

(一)引杆

1.根据所选球杆采用合适的站位和引杆方式,动作稳定连贯,依据击球的距离合理选择引杆的长短和重心的摆动幅度;

2.引杆时重心稳定,左臂与球杆保持相对稳固,上体围绕身体纵轴转动,直至最高点。

(二)下挥杆

1.击球的力量来自挥杆的速度,将肌肉收缩的力量以及球杆高点的势能转换为杆头的动能,需要身体各部肌肉合理地依次收缩做功,完成鞭打动作。

2.下杆过程中杆头随手臂摆动下降,并通过放松双臂使得整个球杆延迟释放;在下杆过程中,尝试让双臂从顶部自然下落而非握紧球杆,即在击球过程中双臂无须一直用力。熟练自如的动作是有效训练的结果,是自动化完成的。

(三)击球

1.击球前身体各部位放松,击球时全身协调用力;

2.选择合适的球位、站位和挥杆的弧度;

3.增强身体力量训练,提高击球力量。

(四)顺势摆动

1.击球后球杆随球飞行方向顺势摆动,身体重心随之转移,逐步过渡到左腿支撑,右脚跟提起,右腿自然弯曲放松;

2.击球过程中,头部始终保持稳定,以身体左侧为轴,左脚为支撑向左转动,将身体转向击球方向,保持身体平衡稳定。

(五)结束动作

1.挥杆动作幅度的大小因人而异,球杆选择的不同也会影响挥杆的动作幅度。优美的结束动作是正确协调、流畅有韵律挥杆的自然结果;

2.顺摆动作充分时,右肩跟随着转动的右臂向下颌下方转动,球杆和右臂摆动伸向前方;左肩和肘部放松,左臂微微外旋,并与右臂一起完成球杆的回摆。杆头击球后头部保持稳定,持续保持到球杆挥至远端;随着杆头向后回摆,头部随上体转向目标方向。挥杆动作直至最后完美地完成,才能保证完整击球动作的正确。

第三节　推杆击球技术及运用

高尔夫球运动是集力量、精度、技巧、感知、心智于一体的自我对抗的击球运动。推杆是完成一洞击球的最后一击,其成败往往决定这一洞的成绩,也间接地影响了比赛结果。高尔夫球比赛中,标准杆数为 72 杆,推杆的杆数几乎占一半,每一洞比赛的结束一般都是以推杆完成的。因此,也可以说推杆技术直接影响球手的比赛成绩。

推击技术可分为击球准备、握杆的类型和距离的控制这三个部分进行说明。

一、推杆击球技术

(一)推击的击球准备(图 4-71)

图 4-71　推击的击球准备

从图 4-71 可以看出:

(1)双眼垂直线位于球的上方或在球的稍微内侧;

(2)杆身和前臂成一条直线;

(3)上身前倾;

(4)推杆的杆头和小臂瞄准同一方向;

(5)推杆的杆头平放在地上;

(6)双脚朝前不打开,与目标线垂直;

(7)推杆杆面的瞄准与设想的出球方向垂直。

(二)握杆的类型

推击没有非常固守的规定,由于人们会力求用各种方式将球推入球洞,你会看到各式各样的推击前基本动作,因为有若干种不同的握杆法可以帮助人们将球击入球洞。但是它们有一个共同特征,就是手腕动作在推击中占很小的比重,最好去除所有腕部动作。如果曲腕,将产生过大的力,导致击球距离控制欠佳,推击的准确度降低。

无须依靠任何不必要的手腕动作来准确推击的要领之一就是球杆和身体的连接——握杆方式。推击要求一种不同于全挥杆的握杆,标准的长杆握杆可以让手腕弯曲以产生力量。推击要求力量较小,但要非常准确,所以必须采用一种不同的握杆方式。

1. 反向重叠式握杆法

这是由全挥杆法中使用的重叠式握杆演变而来的,区别在于上面手的食指放在外面(代替下面手的小指),且放在下面手的几个手指之上。这种握杆方法有利于手和腕部的稳固(图 4-72)。

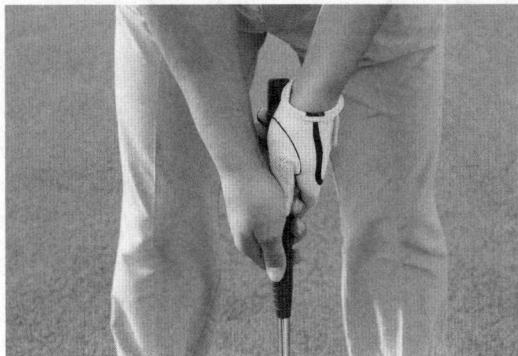

图 4-72 反向重叠式握杆法

2.反手握杆法

这是以左手为主导的握杆方法,也是高尔夫球新手采用的绝佳的握杆法。它以左手充当下面手,具体握法正好与右手握杆相反。因为强化了左手臂的作用,所以身体左侧也会出现自然调整,重心会稍向左移,而这正是在推击球时所需要的。因此,在挥杆推击球时,可以最大限度地控制手腕动作(图 4-73)。

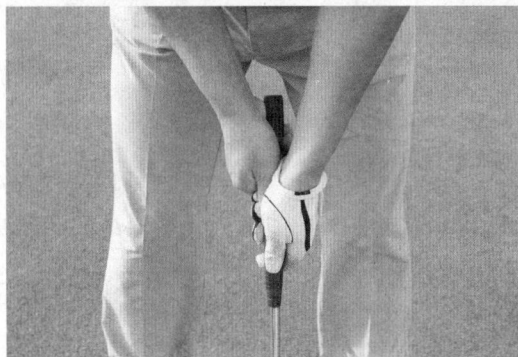

图 4-73 反手握杆法

3.鲁尼恩握杆法

这是以推杆高手保罗·鲁尼恩的名字命名的握杆方法。这种握杆法双手掌心朝前,迫使双肘处于固定位置,手腕很难弯曲(图 4-74)。

4.双手分离式握杆法

这是强调双手一体化握杆的方法。由于两手上下分开,有利于双手手掌控球杆,手腕也被锁定,很难出现随意性动作(图 4-75)。

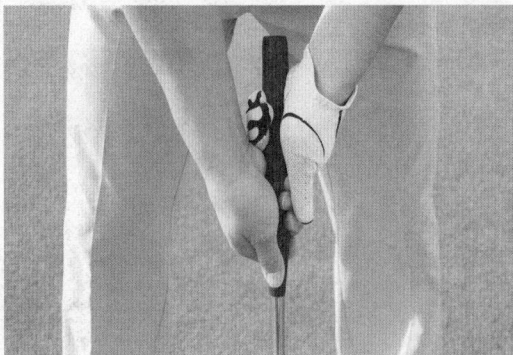

图 4-74　鲁尼恩握杆法

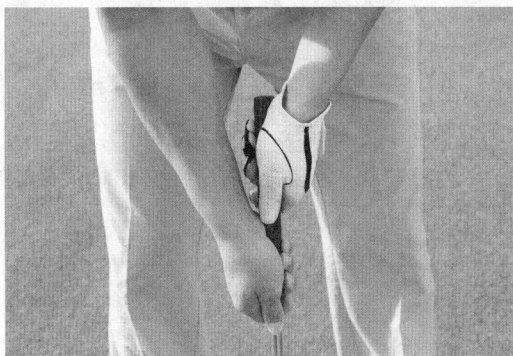

图 4-75　双手分离式握杆法

5.拉锯式握杆法

这种握杆法改变了手臂在击球准备中的指向。这样握杆能减小手腕动作的幅度,并且通过手臂来控制手腕,确保杆面触球的效果(图 4-76)。

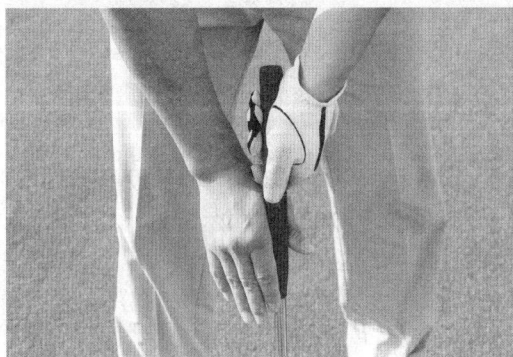

图 4-76　拉锯式握杆法

（三）推击距离的控制

要成为一名推杆高手的最重要的技能就是控制距离。控制距离的方式是保持相同的推击节奏，而改变推击动作的幅度。上杆的幅度增加时，杆头有更长的加速时间，从而产生更快的杆头速度和更远的推击距离。通过对上杆幅度的调整，可产生预想的杆头速度。上杆与送杆的幅度要基本对称（图4-77、图4-78、图4-79）。

图 4-77　近距离推杆

图 4-78　中距离推杆

图 4-79　远距离推杆

二、初级推杆击球技术及运用

（一）握杆

在高尔夫球挥杆击球时技术要求是很高的，其握法根据球手的性别、年龄、力量、球龄各有区别，推杆击球时握杆方法与之相比有很大的不同。初级推杆的握杆可采用反向重叠握杆法或双手分离式握杆法，推杆时主要依靠肩膀的转动击球，双臂跟随肩膀的转动而摆动，手腕尽量保持稳定。

（二）击球准备姿势

1. 正脚位（图 4-80）

（1）两脚分开与肩同宽，身体保持平衡，重心平均分配在两脚上，两脚尖的连线平行于击球方向；

（2）球的位置在身体前方左脚内侧，两肩放松，手臂自然下垂，依据所采用的握杆法轻轻握住球杆；

（3）双膝放松微曲，上体前倾，头部位于球的上方，双眼向下垂直注视球。

图 4-80　正脚位

2. 开脚位（图 4-81）

（1）双脚分开站立，左脚向后退一点点，同时身体向目标位打开；

（2）双眼注视球，击球时以右臂和右手为主导发力。

图 4-81　开脚位

（三）推拨（图 4-82）

（1）上杆时以双肩的转动带动球杆头后引，根据目标的远近选择合适的引杆幅度；

（2）下杆时以球杆的回摆开始，并随着球杆的摆动将身体重心移向击球目标方向。

图 4-82　推拨击球

二、中级推杆技术及运用

(一)握杆

中级推杆的握杆主要采用反向重叠式握法或反手握杆法。采用反向重叠式双手握杆时其手腕部位有机地连锁在一起,整体感觉好,有利于双手均衡用力击球。采用反手握杆时左臂和左腕相对固定,动作幅度较小,在转肩摆动的同时主要依靠右臂的推伸来完成动作。

(二)击球准备姿势(图 4-83)

图 4-83　击球准备姿势

1.选择合适的站位,使球置于左脚前方与推击线的交叉点上,双脚站位与肩同宽,身体重心落在双脚上并稍稍抬起以舒适为宜,保持身体平衡;

2.双手握杆,肩肘放松,双肘微曲贴近两侧肋部,两膝微曲,上体前倾,背部微微弓起,头部位于球的上方,面朝下倾,使球落在左眼的正下方,双眼连线与球的推击线平行。

(三)瞄准

1.站稳后,眼睛停留在球的正上方,两眼的连线在推击线的垂直面上;

2.左眼对准球,球杆置于球的推击线上,并使得球杆面与推击线垂直,球杆的甜蜜点、球的质点与球洞三点成一直线。

（四）推拨

推杆动作有拨击式和叩击式两种，我们常用的推杆技术是拨击式，而叩击式动作发力变化大不易掌握。拨击式推杆击球过程包括：瞄球、上杆、下杆和送球四个步骤，其击打过程动作平稳柔和，根据击球路线的长短选择击球力量和送球动作幅度的大小。

1.瞄球（图 4-84）

图 4-84　瞄球

根据球场的实际情况选择合理的击球路线，并根据击球线路站位，预设击球力度；设想击球后球的正确滚动轨迹，确认击球发力方向，并以此为依据将球杆置于球的后面，使球杆面与推击发力方向垂直。

2.上杆（图 4-85）

图 4-85　上杆

以双肩带动手臂转动，上杆幅度较小；左肩锁定，左臂固定摆动半径，右肩与右臂轻轻转动提拉，使球杆沿弧线运动。

3.下杆(图 4-86)

图 4-86 下杆

击球时以左肩和左臂带动,右臂紧跟其一起摆动,将球杆推送往前,动作由放松逐渐加力,一气呵成;击球时要击中甜蜜点,保持身体平衡和击球动作顺畅。

4.送球(图 4-87)

图 4-87 送球

击球后顺势送杆,头部保持不动,送杆到远端时眼光跟随击球路线,头部也跟随转动;在动作全过程中,两手握住球杆,保持与双肩的三角形的稳定。

三、高级推杆技术及运用

高级推杆技术主要运用在果岭等地形比较复杂情况时,比如有较多的上下坡道,或球距离洞杯比较远时。

(一)握杆

1.采用重叠握杆法或瓦尔登握杆法时,球杆放在左手的手指上,在这种情况下,球杆的握柄顶端指着手掌根处的厚垫,手腕在挥杆过程可以自由地翻转。同时右手压在左手上,还用手指握球杆。然而,使用推杆时,主要依靠肩膀的转动产生最佳击球效果,而手腕则不起任何作用。因此,握杆时应尽量减少手腕的翻转。

2.球杆放在左手时,握柄应放在手掌上,球杆顶端顶在大拇指垫与手掌跟之间的凹槽位置。左手手指绕过握柄,大拇指按在握柄上。只用左手握杆打几个球找找感觉。由肩膀的转动而非手腕的翻转控制下的挥杆,你会发现手腕几乎不动,这样就迫使左臂和推杆成为一个整体运动。如果有这种感觉,那么推杆效果一定不会差。

(二)击球准备姿势(图 4-88)

图 4-88　击球准备姿势

(1)分析球场特性,观察地形坡度,草的顺逆方向,假设击球路线;

(2)依据球与假设目标位置选择合理的站位,使得双脚尖的连线对准假设击球目标。

(三)瞄准

(1)将球杆放置在球的后部,杆面正对假设击球路线;

(2)依据草皮的特性确定击球力度,预判击球滚动轨迹,使得球滚向目标位。

(四)下斜坡与上斜坡的推杆方法

1.下斜坡推杆方法(图 4-89)

(1)当球距离球洞约 15 码(较远)时,应首先考虑将球推到洞口附近。

(2)瞄准时不应正对球洞方向,而是对着球洞上方一条预测好的行球路线,如果球洞在击球线路左侧,那么球的运行轨迹是一条左曲线;反之,如果球洞在击球线路右侧,那么球的运行轨迹是一条右曲线。

(3)球杆面正对预测击球路线,并保持双脚站位与预测击球路线平行,击出的球沿着预测轨迹向着目标上方运行,并随着失速而渐渐拐弯滚向球洞方向。

图 4-89　下斜坡推杆方法

2.上斜坡推杆方法(图 4-90)

图 4-90　上斜坡推杆方法

（1）当球洞位置在球上方时,直线推球几乎不可能使球入洞,这时应对着球的上方预测击球线路。

（2）瞄准球的上方,并使得双脚站位平行于预测击球路线,如果球洞在击球路线的左侧,那么球的运行轨迹为左曲线;反之亦然。

第四节　切球技术及运用

切球,顾名思义,就是运用切高球或劈起球技术使球超越球场障碍区,是一种难度较高的技术。它可分为切高球技术、切低球技术、沙坑球技术、高草球技术、斜坡球技术等。

一、初级切球技术及运用

（一）切高球技术（图 4-91）

图 4-91　切高球技术连续动作

1.选用短铁杆或劈起杆,将球杆的握把握在掌指关节间,食指前伸扣住球杆,大拇指放在球杆上面偏右的地方;右手握杆,使得大拇指握在球杆偏左的位置,虎口包住左手大拇指,小拇指轻轻放在左手食指和中指之间。

2.采用开脚位站姿,对着目标 15°～20°角,双膝微弯曲,上体前倾,球置于双脚间偏右的位置。

3.挥杆击球时身体重心要随之运动,即上杆时重心落在右脚,下杆时重心移至左脚;用重心的移动来带动肩膀手臂的转动击球。

4.击球时动作放松,有向下鞭打的动作,杆头打深、打实。

（二）切低球技术（图 4-92）

图 4-92　切低球技术连续动作

1.选用短铁杆或中铁杆,站位要靠近球,球置于双脚中间略偏右的位置。

2.采用反叠式握杆法,即左手在上,双手掌心相对,大拇指握在正面笔直向下,左手的食指搭在右手的小指与无名指之间;手腕前伸将杆身直立,杆头趾部轻轻触地并使得跟部稍微上提,并将球置于偏向杆头趾部位置。

3.身体重心偏向左脚,双手握杆位置略在球之前。

4.以肩膀摆动来带动双手和球杆做挥动;在击球时手腕保持固定,球杆击中球的瞬间,手腕伸直,杆头不能超过双手;以杆头趾部击中球的中下部,球打出后,杆头随球前送一段距离后,再将杆头举起。

二、中级切球技术及运用

（一）沙坑球技术（图 4-93）

图 4-93　沙坑球技术连续动作

1.选用沙坑杆、劈起杆或 9 号铁杆;沙坑杆分为宽底沙杆和窄底沙杆。宽底沙杆的杆面倾斜角度较大,击球要求的精准度不高,比较容易使用,一般为初学者或业余球手使用;窄底沙杆击球准确度较高,削击力度大,适宜在较硬、较湿润的沙坑使用,常常被职业球手选用。

2.握杆方法与短铁杆相同,但要将杆面打开,双手握紧。

3.采用开脚位站姿,轻轻扭动身体使双脚踩实并保持身体稳定,身体重心偏向左脚,球置于双脚中间偏左的位置,眼睛瞄准球后方约 2 厘米的地方。

4.根据旗杆的距离决定上杆的幅度,击球后顺势挥杆前送。

(二)切远滚球技术(图 4-94)

图 4-94　切远滚球技术连续动作

1.根据击打的距离选用长铁杆或中铁杆。

2.采用重叠式握杆法,握杆短一些。

3.开脚位,双脚站距较近,身体重心偏向左脚,双手握杆位置略在球之前。

4.以肩膀摆动来带动双手和球杆做挥动,身体重心随击球稍作移动;球打出后,杆头随球前送,头部始终保持固定,身体平稳。

三、高级切球技术及运用

(一)切高草球技术(图 4-95)

1.在击打高草球时的易犯错误

(1)上杆时过度往身体内侧,这会导致起杆的时候球杆会先卡到长草,下杆时先打到草再打到球。

(2)在下杆的时候,右手过度使力导致右手腕朝前,这会让你击球的时候无法扎实,还会先打到草再打到球。

(3)在下杆的时候,为了想要用力,身体往上抬起来导致球杆和右肩膀都往下掉,也很容易先打到球的后方。

2.击打高草球时的注意事项

(1)首先球的位置应尽可能放在身体的中间,站姿与肩同宽,球杆头尽量摆在球的后方,上杆时曲腕的动作可以比一般的上杆动作提早一点点,也就是稍微先曲腕然后再转肩上杆。

(2)在下杆的时候,左半边也是一样,顺着身体转动,双手跟着身体旋转下来,击球时一个关键是要注意直接打球,而不是从球的后方将球捞起来。

图 4-95　切高草球技术连续动作

(二)切斜坡球技术(图 4-96)

图 4-96　切斜坡球技术连续动作

1. 先观察周边环境,决定使用的球杆。
2. 重心分配符合地形,球位放在坡度高的地方。
3. 挥杆时重心不用过度转移,送杆顺地形送出。

⭐ 知识拓展

高尔夫球为什么不是光滑的?

当今世界流行的各种球类运动中,高尔夫可谓是历史悠久了,早在1457年,在苏格兰议会的文件中就有了"高尔夫球"一说。但人们有所不知的是,在19世纪,高尔夫球是光滑的圆球,后来人们发现残旧粗糙的球竟比光滑的新球打得更远,才渐渐发展成现在布满小坑的麻面球。统计发现,一颗表面平滑的高尔夫球,经职业球手击出后,飞行距离大约只是表面有凹坑的高尔夫球的一半。这究竟是什么原因造成的?

最早,空气是被想象为没有黏性的,或者说是没有摩擦的,人们把这种没有黏性的流体称为理想流体。不过显然,物体在空气中飞行时的阻力是绝对不可以忽略的。空气对于任何在其中运动的物体,包括高尔夫球,都会施加作用力。空气动力学家把这个力分成两部分:升力及阻力。阻力的作用方向与运动方向相反,而升力的作用方向则朝上。高尔夫球表面的小凹坑可以减少空气的阻力,增加球的升力。这是为什么?高尔夫球快速飞行的时候,在球的后面形成了对称的漩涡,在球附近的流体分子贴着球走一段后,就脱离球面,这种现象也被称为边界层分离。边界层分离总是和漩涡同时产生的。高尔夫球后面是中心压力很小的漩涡,而球前面的压力比较大,由于这个压力差,球就受到一个相对较大的阻力。一般来说,球的飞行速度越大,边界层的分离就越早,在球的后面形成的漩涡区也就越大,这种压差所形成的阻力也越大。

光滑的球由于这种边界层分离得早,形成的前后压差阻力就很大,飞行距离就大大缩短了。而当高尔夫球有了小凹坑,飞行时小凹坑附近产生了一些小的漩涡,由于这些小漩涡的吸力,高尔夫球表面的流体分子被漩涡吸引,边界层的分离点就推后许多。这时,在高尔夫球后面所形成的大漩涡区便比光滑的球所形成的漩涡区小得多,从而使得前后压差所形成的阻力大为减小。

综合看来,高尔夫球在空中高速飞行时,光滑球前后气压相差较大,而麻面球相差较小,虽然麻面球摩擦力稍大于光滑球,但其压差阻力比光滑球小得多,所以总的阻力还是比光滑球小,因此在空中飞得更远。

学以致用

1.高尔夫球杆分为木杆、铁杆和特殊短铁杆,决定击球远度和球道轨迹的主要(客观)因素是什么?

2.在击球时,你会注意哪些环节并怎样应对?

第五章　高尔夫球运动基本战术

应知导航

　　为了适应现代竞技运动的高水平对抗,除了要求运动员全面掌握高尔夫球运动技术,还需要对运动员在技战术、运动素质、心理素质等方面同步进行训练,以获得在不同地点、不同球场、不同海拔、不同气象条件下比赛的能力。高尔夫球战术是指高尔夫球手在比赛中为表现出高超的竞技水平、挑战自我、战胜对手而采取的合理有效的计谋和行动。

第一节　高尔夫球运动战术指导思想

　　技术、运动素质、心理素质和战术之间是互相联系、互相依存和互相制约的辩证关系。技术、身体素质是战术的物质基础,心理素质是战术的思想保证。比赛中,技术、运动素质、心理素质总是在具体的战术意图和行动中体现出来,并及时充分发挥和良好运用,而成功的战术反过来也可以积极地促进技术、运动素质和心理素质的提高与发展。

　　比赛中,球手选择战术不能脱离自己的实际情况。要根据自己的技术水平、身体条件、心理素质等情况以及对手的情况,做出对自己有利的战术计划。这就需要球手掌握高尔夫球各种技术、战术的一般规律,并在平时有目的地进行系统的战术训练,在比赛中积累经验,再在实战中运用,这样不断地总结、提高,使自己对场上的情况具有敏锐的观察能力和迅速做出反应的能力。

　　战术指导思想是制订战术和具体行动方案所依据的准则,采用的战术是否合理有效,关键在于指导思想正确与否。高尔夫球运动的战术指导思想主要体现在以我为主和精准两方面。

　　以我为主:是指球手排除干扰,不受对方影响,积极施展自己的特长技术和打法。球手要结合自己的特长,形成自己的打球风格,不要被对手带入其战术和节奏。自己和自己比是高尔夫球运动的特点,如果你始终以非常平衡的心态来打球,无论对手采用什么战术你也不会上当。正所谓平常心是最好的战术。

精准:是指球手战术实施得准,发挥技术准确并运用自如,落点准。高尔夫球运动的特点是远而准,也就是说,球手击出的球,既要求远,又要求准。

第二节　高尔夫球运动运用战术原则

一、牢固地依靠技术基础

战术是以技术为基础的,技术水平越高就越能出色地完成战术的要求。只有技术全面,战术才能多样化,战术的变化和发展又可以促进技术不断地革新和提高。两者密切相关、互相促进。比赛中必须在充分发挥自己的技术特长的前提下,沉着稳定,不畏困难;在平常训练中,要培养优良的意志品质和良好的训练作风、战术作风。

二、制订合理有效的战术方案

比赛战术方案的制订,必须结合自己的特点,并根据比赛条件与对手的技战术特点,合理有效地设计。比赛前必须通过各种手法、手段获得各种信息,即所谓"知己知彼,百战不殆",在比赛中了解对手,衡量自己。

三、实施战术目的明确

运用战术必须做到有的放矢,焦点集中,抓住中心,总收全局。比赛中除了落点要准外,在力量、球杆上亦应合理运用、灵活多变,并发挥出技术优势。同时,要考虑到自然条件的影响,如太阳的位置、风的方向与强度。总之,要利用有利因素,克服不利因素。自然条件的变化有时会很快,在这种情况下要冷静地进行判断,做出决策。

上述原则是有机联系、互为条件和辩证统一的。球手在培养自己战术意识的同时,也应注意培养观察了解对手技战术特点和打法情况的能力,这样才能在比赛中合理有效地运用战术,取得比赛的胜利。

第三节 高尔夫球运动战术运用

高尔夫球比赛,对球手技术、心理和运用战术的要求都较高。要想在比赛中打出好成绩,球手必须具备各种击球技术,良好的心理素质,适应较长时间比赛的体能以及运用不同战术的控制能力。高尔夫球运动的战术运用主要包括以下几个方面。

一、合理制订战术计划

战术计划是在比赛中实施战术的依据,制订战术计划是赛前训练最重要的任务之一。在正规的高尔夫球比赛中,赛前要安排球手熟悉比赛场地。球手要通过赛前练习,对开球区、球道、沙坑、水池、果岭、障碍物等有所了解。练习中对击出球的方向、弹道、跳跃程度和滚动距离应详细记录。根据这些资料和打球的体会合理制订出战术计划。战术计划制订是否合理,直接关系到技术的发挥效果和比赛的成绩。

二、合理选择发球球位,确定球座高度

一场高尔夫球比赛,有 18 杆要在发球台发球,因此选择最佳球位、打好第一杆球是至关重要的。在规定发球区域内,发球左右位置的选择,要根据自己的技术情况和当时的风向、风力等多方面情况来决定。发球位置的高低是否利于击球,也是需要密切注意的问题。选用不同的球杆、遇到不同的风向,球座的高度也相应有所不同。顺风时,用 1 号木杆发出高弹道的球或想打左斜球,球座应最高;一般发球,使用次高的球座;如果想打出弹道较低的球或右斜球,球座应更低一点;如果用球道木杆或铁杆发球,球座的高度不应超过 1.25 厘米。

三、巧妙运用优势球杆,保证第一杆的准确度

一场高尔夫球比赛要打 18 个洞,第 1 洞成绩的好坏,对全场比赛成绩影响最大。要打好第 1 洞,首先要打好第 1 杆球。高尔夫球的击球原则是在准的基础上求远,因为其最终目的是要击球入洞,所以,要特别重视第 1 杆球,不仅要用力,还要注意把球打到自己瞄准的目标点。

优秀球手都有自己的优势球杆,在一定的距离内打得最稳、最准。如果控制球的能力不强,第 1 洞发球时,可使用 3 号木杆。3 号木杆虽不如 1 号木杆击球距离远,但击球的准确度高,球的落点好,利于下一杆击球。更重要的是,打好第 1 杆是良好的开端,而良好的开端往往是成功的一半。

四、集中精力打球，发挥特长取胜

打高尔夫球要不受外界环境的影响，更重要的是能控制自己的情绪波动，始终以平常心打好每1杆球，即所谓赢人先赢自己。球打好了不可得意忘形，打得不好也不能丧失信心，要始终保持头脑清醒，正确分析客观环境对自己技术的影响。

有些球手擅长打左曲球，但有时球场适合打右曲球，在这种情况下，实践证明，球手不可盲目改变战术，要坚持自己的特长打法，这样才会取得优异的成绩。

五、麻痹对方，施加压力

在热身运动中，球手本来能顺利出色地完成技术动作，却故意表现为技术动作不稳定，动作做得差，或有意表现出状态不稳、情绪不佳等，给对方以错觉，使对方产生轻敌思想。一旦开始比赛，则判若两人，出其不意，使对方毫无思想、心理准备。

而为了给对手造成一种心理压力，赛前训练或热身运动可在对手面前进行，有意识地表现出高昂情绪和信心十足，做出高水平的技术动作，使对手产生心理压力，甚至产生自卑感，从而影响其比赛中水平的发挥。赛前也可打造有利于本身比赛的舆论，如："我对自己的实力充满了信心""比赛的环境我很适应，一切条件对我十分有利"。

知识拓展

高尔夫球运动小知识

一、球场上的礼貌

（1）安全

在击球或练习挥杆之前，球手应当确认如下地方及其附近无人站立：球杆可能击到的地方；球可能落到的地方；因挥杆或击球而被球、石头或树枝等打到的地方。

（2）为其他球手着想

有优先击球权的球手应被允许在其他对手或同伴比赛之前先发球。当球手正在做击球准备或正在击球的时候，任何人不得走动、讲话、站在球或球洞附近。在前组球手未走出球的射程范围之前，任何球手不得打球。

（3）打球的速度

为了大家的利益，球手打球时不得拖延时间；球手在找球时，如果发现球不容易找到，应在开始找球没有超过五分钟之前发出信号，让后续球手先行通过。在后续球手通

121

过并走出球的射程范围之前,该组球手不得继续打球。打完一洞后,球手应立即离开球洞区。如果一组球手在球场上行进迟缓并落后前面的球手整一洞以上时,应该让后续的一组先行通过。

(4)球场上的优先权

无特殊规则时,两人组较三人组或四人组有优先通过的权力。单独的球手没有此项权力,而应当让任何其他组先通过。任何打整轮的组有超越打非整轮组的权力。

二、对球场的保护

(1)沙坑内的坑穴

在离开沙坑之前,球手应仔细地平整好他在沙坑内造成的所有坑穴和足迹。

(2)放好被切削起的草皮,修复球痕和钉鞋造成的损坏

球手应保证将他在球洞区通道上切削或打起的草皮放回原处并压平,由球对球洞区造成的损坏也应认真予以修复。打完一洞后,因高尔夫球钉鞋对球洞区造成的损坏应由所有球手修复。

(3)旗杆、球杆袋等对球洞区的损坏

球手应确保在放置球杆袋和旗杆时不伤及球洞区,球手及其球童在靠近球洞站立时、扶持旗杆时或将球从洞中取出时,应注意避免损坏球洞。球手在离开球洞区之前应将旗杆正确地放回球洞中。球手不得倚靠推杆而损坏球洞区,在将球从球洞区中取出时更应特别注意。

(4)高尔夫球车

球手应严格遵守当地有关驾驶高尔夫球车的规定。

(5)练习挥杆造成的损坏

球手在进行挥杆练习时,应注意避免削起草皮而对球场造成损坏,在发球区上挥杆尤为如此。

学以致用

1.高尔夫球运动战术的指导思想是什么?

2.高尔夫球运动运用战术的原则有哪些?

3.高尔夫球运动的基本战术包括哪几个方面?

第六章　高尔夫球运动练习方法及技术评价

应知导航

　　高尔夫球运动是一项耗时长，结合短时间剧烈运动与走路组成的间歇性体育运动项目。一般一场球持续时间为三至四小时，大型比赛时间为三至四天，甚至更长。由于高尔夫球比赛场地大，走动距离远，击球次数多，在挥杆击球时体能要求高，因此良好的爆发力和耐力是优秀运动员必须具备的。高尔夫球手的训练，应该在全面发展身体运动素质的基础上，重点提高速度力量、柔韧性、专项技术和心理素质的水平。

第一节　高尔夫球运动专项素质的内容与练习方法

一、高尔夫球手的身体训练

　　身体训练是指运用各种身体练习方法和手段，改善球手的身体形态和健康水平，提高机体机能以及运动素质的训练。身体形态的主要指标有身高、体重、胸围以及四肢与躯干的比例等；机体机能是指各部器官系统的功能。全面身体训练是以五大运动素质为主要内容的训练。

　　（一）力量训练

　　1.上肢一般力量训练

　　高尔夫球手上肢一般力量训练可采用哑铃、杠铃、橡皮带以及综合训练器等练习器材，针对不同受训者采用适量的负荷和不同的练习次数。举例说明如下：

　　（1）专业运动器械（杠铃）练习

　　A.双手握杠提铃至肩练习　　　　　　　　　　10～15次×3组

　　B.双手握杠，肘部支撑于大腿前端前臂屈伸练习　　10～15次×3组

C. 前后分腿跳挺举练习   10～15 次×3 组

D. 卧推练习   10～15 次×3 组

(2)无专业运动器械练习

A. 俯卧撑练习   20～25 次×3 组

B. 平板支撑练习   3～5 分钟×3 组

C. 引体向上练习   10～15 次×3 组

D. 持重物(多根铁杆)挥杆练习   10～15 次×3 组

2.躯干腰腹力量训练

躯干腰腹力量练习可分为无器械和持器械(增加负重)练习,根据受训者自身能力采用合适的练习方法。

(1)仰卧起坐练习   20～25 次×3 组

(2)收腹举腿练习   20～25 次×3 组

(3)收腹举单腿(同伴加力推)练习   20～25 次×3 组

(4)单杠收腹举腿练习   10～15 次×3 组

3.下肢一般力量训练

根据训练场地和器械条件,下肢一般力量训练可采用以下方法。

(1)蛙跳   5～10 次×3 组

(2)立定跳远   5～10 次×3 组

(3)纵跳   5～10 次×3 组

(4)半蹲走   20～30 米×3 组

(5)负重(杠铃)全蹲   3～5 次×3 组

(6)负重(杠铃)半蹲跳   5～10 次×3 组

(7)负重(杠铃)提踵   10～15 次×3 组

(8)跳绳   1～2 分钟×3 组

(二)速度训练

1.一般速度训练

(1)原地摆臂练习   15～30 秒×3 组

(2)原地小步跑听口令起跑练习   5～10 次×3 组

(3)30 米起跑冲刺练习   5～10 次×3 组

2.专项速度训练

(1)徒手挥杆练习   10～15 次×3 组

(2)快速挥细竹条练习   10～15 次×3 组

(3)短握杆挥杆练习   10～15 次×3 组

（三）耐力训练

1.一般耐力训练

（1）3～5分钟跳绳多组练习

（2）400米跑多组练习

（3）1500～5000米跑练习

（4）越野跑练习

2.专项耐力训练

（1）连续击球练习：不同球杆分别多组击球

（2）连续实战练习：连续多场实战（模拟）比赛

（四）柔韧性训练

1.上肢柔韧性训练

（1）颈部前、后、侧屈及绕环

（2）肩部拉伸及绕环

（3）前臂屈伸及内旋、外旋

（4）手腕屈伸及绕环

（5）手指推压及握拳

2.腰腹柔韧性训练

（1）体前屈、体后屈、体侧屈

（2）腹背运动，双手分别触摸异侧脚背

（3）腹背绕环运动

（4）俯卧后仰练习

3.下肢柔韧性训练

（1）正压腿、侧压腿、歇步压腿

（2）前摆腿、侧摆腿、后摆腿

（3）纵劈叉、横劈叉

（五）灵敏性训练

1.上肢灵敏性训练

（1）双手置于身体前侧比肩稍宽，对抛、接球练习　　20～30次×3组

（2）左、右手分别抛、接反弹球练习　　20～30次×3组

（3）拍球练习

2.髋腰部灵敏性训练

（1）高抬腿交叉转髋练习　　20～30次×3组

（2）前后交叉步侧向跑练习　　20～30米×3组

（3）原地跳起转体练习　　5～10次×3组

3.下肢灵敏性训练

(1)原地快速跑步练习	20～30 秒×3 组
(2)前后、左右并腿、分腿跳练习	20～30 次×3 组
(3)跑跳步练习	20～30 米×3 组
(4)单足跳绳练习	30～60 秒×3 组
(5)双足交叉跳绳练习	30～60 秒×3 组

二、高尔夫球手的技术训练

高尔夫球运动是一项集球手力量、耐力、精度、技巧、平衡、心理等于一体的高难度的运动项目,它对球手的技术要求高而全面。

(一)基本技术是高尔夫球运动的基础,在训练中要贯穿始终

1.每一位球手打球时,首先考虑的是球位、用杆选择以及与草皮的关系,该球位将如何影响球飞向目标,以及用杆选择如何使球飞向目标。

2.学习各项基本技术,坚持不懈地狠抓基本技术训练,根据自身条件形成具有自己特色的技术风格,并练出自己的"杀手锏"。

(二)各项技术要熟练掌握、合理运用,做到基础扎实、熟练掌握、灵活运用

1.通过不断学习与勤奋苦练,全面掌握高尔夫球运动的各项基本技术,努力做到长杆打得远、短杆打得准、推杆推得稳。

2.勤学苦练、学习和适应不同风格球场的击球要点,根据草地、湖泊、沙地球场的特性以及球场所处区域为平原、丘陵、山岳、森林、河川、海边等不同属性以及气候变化等,适应比赛、积累经验、提高技术水平。

(三)因材施教,技术训练的难度要考虑球手的个人特点

1.个体差异使得每个球手在学习、掌握基本技术时呈现不同的动作形式,这是球手其身体形态、身体素质、知识背景不同而产生的结果。

2.适合个体的教学才是合理的,根据球手的各自特征,结合心理、技术的综合教学与训练,在统一规范的模式下,针对个体特征进行合理有针对性的指导,扬长避短,最大限度地发挥个体潜能。

(四)合理安排训练时间和方式

1.学习掌握基本技术,一般采用集中连续的练习,强化基本动作以达到动力定型的目的。

2.改进提高技术的训练,可采用多次间隔式的练习,循序渐进、逐步修正、建立完整正确的动作概念。

3.赛前有针对性地训练,对自己的优势技术巩固提高,对弱势技术弥补不足,达到最佳竞技状态。

三、高尔夫球手的心理训练

（一）平常训练中的一般心理训练

1.狠抓基本功训练，具备积极、乐观的心态，练习中排除杂念，打好每一杆，相信自己，建立必胜的信念。

2.正确评估自己，了解自己的长处和短处，学会分析成功与失败的经验与教训，找到解决问题的方法并加以改正。

（二）比赛前、比赛中心理训练

1.要对比赛充满信心、情绪稳定、注意力集中，有强烈的求胜欲望。

2.面对球场上的各种突发事件能泰然处之、沉着冷静、自控力强，敢于面对困难，迎接挑战。

第二节　高尔夫球运动技术评价

一、初级水平（基本掌握铁杆挥杆击球技术，并能击打一定远度的球；基本掌握推杆技术，并具有一定的准确度）

（一）技术评价

1.基本掌握正确站位与握杆，能够正确运用7号铁杆挥杆，并能够击中球（60～75分）。

2.站位合理、握杆正确，身体重心稳定，上杆与挥杆击球动作基本完整，能够合理地运用身体力量击球（76～85分）。

3.站姿正确、重心稳定、上杆到位，保持左臂与球杆的合理位置，上杆与击打动作连贯舒展，合理运用身体重心的转换，击球效果好（86～100分）。

（二）达标标准

1.7号铁杆击远

考生连续击打三个球，以球第一落地点计算成绩；男、女组计算成绩如下。

（1）男子组：击打三球中有两球落在120米（含）以外，则记为100分；一球落在120米（含）以外，则记为95分；一球落在100米（含）以外，则记为90分；一球落在80米（含）以外，则记为80分；一球落在70米（含）以外，则记为70分；一球落在60米（含）以外，则记为60分；球落在60米（不含）以内，则记为50分。

（2）女子组：击打三球中有两球落在80米（含）以外，则记为100分；一球落在80米（含）以外，则记为95分；一球落在70米（含）以外，则记为90分；一球落在60米（含）以外，则记为80分；一球落在50米（含）以外，则记为70分；一球落在40米（含）以外，则记为 60 分；球落在 40 米（不含）以内，则记为 50 分。

评分标准如表 6-1 所示：

表 6-1

远度成绩（分）	100	95	90	80	70	60	50
男（米）	2×120	120	100	80	70	60	<60
女（米）	2×80	80	70	60	50	40	<40

2.推杆进洞

（1）真草果岭推杆

真草果岭上距离球洞约 10 米处进行推杆，两杆进洞为 100 分，三杆进洞为 80 分，四杆进洞为 60 分，四杆以上为 50 分。

评分标准如表 6-2 所示：

表 6-2

杆数成绩（分）	100	80	60	50
男（杆）	2	3	4	>4
女（杆）	2	3	4	>4

（2）推杆练习器

推杆练习器 2 米距离推杆，共十个球，推进十个为 100 分；推进九个为 90 分；推进八个为 80 分；推进七个为 70 分；推进六个为 60 分；少于六个为 50 分。

评分标准如表 6-3 所示：

表 6-3

进球成绩（分）	100	90	80	70	60	50
男（个）	10	9	8	7	6	<6
女（个）	10	9	8	7	6	<6

二、中级水平（掌握铁杆挥杆击球技术，并能打出一定精准度的球；基本掌握切球技术）

（一）技术评价

1.掌握正确站位与握杆，能够灵活运用长铁杆和短铁杆（60～75 分）。

2.站位合理、握杆正确，身体姿态稳定，运用长、短铁杆击球动作基本完整，初步掌握木杆击球技术；能合理选择球杆，并能够击打一定精准度的球（76～85 分）。

3.根据击球远度合理选择球杆、正确选择站姿,上杆稳定,下杆动作完整流畅,击打动作连贯舒展;铁杆击球技术好,基本掌握木杆击球技术;合理运用身体重心的移动和躯干的转动增加击球的力量,击球效果好(86～100分)。

(二)达标标准

1.男子、女子组分别在100、70米距离处设一点作为圆心,并以5、10、15米为半径画圆,如靶状图案,从内而外依次称为A、B、C区。

2.考生连续击打三个球,以球最后的落点区域计算。如有两球落在A区则记为100分,一球落在A区则记为90分,两球落在B区则记为80分,一球落在B区则记为70分,两球落在C区则记为60分,一球落在C区则记为50分。

评分标准如表6-4所示:

表6-4

准度成绩(分)	100	90	80	70	60	50
男(区)	A A	A	B B	B	C C	C
女(区)	A A	A	B B	B	C C	C

三、高级水平(熟练掌握高尔夫球各项技术,具备一定的实战能力)

(一)技术评价

1.理解比赛规则,正确解读裁判法,能够独立完成一场练习比赛(18洞)(60～75分);

2.合理选择球杆,正确运用木杆、球道木杆和铁杆,击球效果良好(76～85分);

3.根据天气、球场特性正确选择球杆,能够合理处理障碍球和沙坑球,心理状态良好,技术发挥稳定,击球效果好(86～100分)。

(二)达标标准

1.男子:在一个标准18洞球场内以72杆(含,下同)完成练习比赛记为100分;73～81杆完成练习比赛记为95分;82～90杆完成练习比赛记为90分;91～99杆完成练习比赛记为80分;100～108杆完成练习比赛记为70分;109～117杆完成练习比赛记为60分;118杆以上完成练习比赛记为50分。

2.女子:评分标准同上。

评分标准如表6-5所示:

表6-5

成绩(分)	100	95	90	80	70	60	50
杆数(含)(杆)	72±0	73～81	82～90	91～99	100～108	109～117	>118

知识拓展

1. 乐极生悲

迈克·克莱顿(Mike Clayton)是澳大利亚一位知名球手,在一次大型比赛上他有些兴奋过头——在推出一记3码的推杆后,看着小球直奔球洞而去,克莱顿举起双手准备欢呼,却不料推杆不小心脱手,情急之下他想抓住推杆,但已于事无补,球杆"不客气"地砸在即将入洞的小球上,小球改变了方向停在离洞口不到1码的地方,倒霉的他还重重地摔在果岭上半天没有爬起来。

由于改变正在运动中的小球轨迹,他被判罚两杆,并还要将小球送入洞中,那一洞他非常"冤屈"地多打了三杆。

2. 得意忘形

1983年加拿大公开赛,安迪·比恩在比赛中一路攻城略地,比赛进入最后的几洞,胜利似乎开始向他招手。正在比恩得意之时却发生了状况,当时小球停在离洞口仅3厘米处,本来再有一推肯定能将小球送入洞杯,他却倒拿推杆用握把将小球敲进。

他这一细小的动作却没有逃过裁判的眼睛,按规定击球一定要用杆头,用握把打进小球要罚两杆。本来手握两杆优势的比恩最终只能与对手在延长赛一决高下,运气不佳的比恩最终以一杆之差败北,痛失冠军。

3. "等"不到冠军

球技和运气是赢得比赛不可或缺的两大因素,如果在比赛中小球悬在洞口边,球手等待几秒才不被罚杆呢? 下面这个故事会让你记忆深刻。

德尼斯·沃森在1985年美国公开赛上运气可谓欠佳,在某一洞他将小球推在洞口,但半个"身子"悬在洞口的小球就是不进洞,沃森心想多等一会儿说不定小球就进了,小球还真"争气",乖乖掉入了洞杯。他高兴地将小球拿出,美滋滋地等待着捧杯的一刻。

然而细心的裁判却在一旁计时,小球停在洞口超过10秒才进,因此沃森在该洞的成绩要多加一杆,以一杆之差无缘冠军。也许再稍微用一点力气,或者来一阵风早点将小球吹进,他可能就站在领奖台捧起冠军奖杯。

4. 怕脏被取消比赛资格

高尔夫球运动被誉为绅士运动,但球手在"绅士"的同时也要发扬不怕苦不怕脏的精神。体重高达113千克的克雷格·斯塔德勒(Craig Stadler)素有"大海象"的绰号,他4岁就开始打高尔夫,在其职业生涯曾赢得过大满贯。

但1987年一场比赛的失误让他追悔莫及,当时比赛进行到第三轮,斯塔德勒的小球停在一根低垂的树枝上。左右观察后,斯塔德勒最终选择了跪在地上将小球打出去,但他又怕肮脏的地面会弄脏自己的裤子,于是他将毛巾铺在自己膝盖下。裁判认为他此举是"人为改变击球地点"而取消了他的比赛资格。国际裁判叶尚文认为,因不经思考的举动而被取消比赛资格,这是非常不应该的,规则是维护比赛公正、平等的依据,深刻理解规则是每一位球手必须要具备的素质。

5."一哥"也失误

取得无数荣誉的中国"一哥"张连伟也曾在比赛中失误。在1990年亚运会上,开球后张连伟的小球遗失,他被罚一杆重新开球,发完球走向球道时却发现了自己的第一个球,在没有请示裁判的情况下他将替换球拿起并继续打第一个球。裁判认为张连伟移动使用中球,要判罚移动球,击打第一个球,判罚打错球,共罚三杆,并且他还要回到 T 台重新开球。

规则对于球手来说至关重要,一个失误可能导致满盘皆输。叶尚文提醒每位球手买一本《高尔夫规则》并经常翻阅,比赛过程中如果遇到自己不知道怎么处理的情况一定要请示裁判。

小结:

高尔夫规则被称为是体育运动中最复杂的规则,熟练掌握规则比学习球技还要困难,即便是将规则倒背如流也不一定不犯错误,在比赛中尽量避免犯规还要靠经验的积累。作为球手,除了少犯低级错误,还要学会在失误之后及时调节情绪以免影响后续发挥。

学以致用

1.在距果岭前 80 码的一杆击球,你选用什么球杆?针对球场的环境应注意哪些具体事项?

2.参加一场朋友间的比赛,需要做哪些方面的准备工作?

第七章 高尔夫球运动竞赛组织与规则

应知导航

　　高尔夫球运动竞赛的组织工作是一项非常复杂的系统工程。正式高尔夫球赛的组织机构非常庞大,赛事组委会是比赛的指挥中枢,赛事活动的各项计划的制订与实施,以及所确立的分层管理与组织落实,均出自组委会各相关职能部门的统筹安排。而校园小型竞赛活动的组织实施也可参照正式比赛的组织,只是可在组织机构和人员组成等方面进行精简。不管怎样的比赛,我们都可以从赛前、赛中、赛后这三个方面进行组织实施。

　　高尔夫的规则是非常复杂的,它包括礼貌规范、定义和打球规则。礼貌规范自始至终贯穿于打球之中,定义明确对理解高尔夫规则有很大的帮助,打球规则和裁判判罚结合,主要从发球区、球道区、障碍区和球洞区四个位置来说明。

第一节 高尔夫球运动竞赛组织与管理

一、赛前组织工作与管理

（一）成立赛事组委会

　　高尔夫赛事组织委员会,通常情况下是指举办高尔夫比赛的主管或主办部门,是为保证比赛的顺利实施而设置的负责赛事活动组织与管理工作的专门机构。

　　高尔夫比赛组织委员会作为举办高尔夫赛事活动的指挥中枢,围绕赛事活动的各项计划的制定与实施,以及所确立的分层管理与组织落实,均出自组委会各相关职能部门的统筹安排。

　　一般来说,要根据赛事活动的组织规模、比赛级别,以及赛事活动的社会影响力等相关因素,来确立组委会的机构规模和人员结构。对于组织或承办大型高尔夫赛事活动,比如有不同国家和地区球手参加的高尔夫公开赛、职业锦标赛等,组委会的组织机构和人员组成,与某些业余球手参与的联谊赛、俱乐部会员赛、商业邀请赛等,在组委会的组织机构和人员的组成等方面,有着很大的区别。

一般规模的赛事的组委会依据职能不同来设置。具体由以下部分组成:

——组委会领导机构:主办方、承办方、赞助商等领导担任

——赛事总监

——对外联络组

——竞赛组

——广告设计制作组

——后勤组

——财务组

1.赛事总监

由组委会领导机构任命,负责赛事整体组织管理,协调各组(部)分工,确保赛事成功举办。

2.对外联络组

包括业务组、招募组、推广组、接待组。

(1)负责起草赛事营销方案;

(2)制定冠名赞助商、主赞助商及单项赞助商的洽谈与合作条件;

(3)组织赛事新闻发布;

(4)招募参赛球手,发送比赛邀请函,球手现场签到接待,确定报名时间、地点和报名方法,报名费用的收取标准与方法;

(5)安排和联系参赛球手的交通食宿问题;

(6)媒体新闻采访接待;

(7)赞助商领导等特邀人员的接待。

3.竞赛组

(1)寻找符合赛事规划的比赛场地;

(2)负责制定比赛规程、分组编排、确定当地规则、比赛场地的设置、比赛成绩记分、奖项设置、公布比赛成绩等。

具体如下:

①起草比赛规程:比赛的目的和名称、时间和地点、比赛规则和比赛方式、参赛条件和要求等;

②检查场地是否符合比赛的要求;

③按照高尔夫比赛规则设置比赛场地;

④根据参赛球手以往的成绩、邀请人员的身份、比赛的特殊规定进行分组编排;

⑤在检查和设置场地的基础上制定本次比赛的当地规则;

⑥组织裁判、球童等相关人员进行业务学习与培训,统一规则认识;

⑦与球场联系有关场地草坪的维护与保养、工作人员(裁判、媒体等)的车辆配置。

4.广告设计制作组

(1)赛事形象设计与制作,包括形象标准图形、标准文字的设计;

(2)负责整体赛事的摄影、摄像工作;

(3)编辑赛事新闻、赛场花絮;

(4)各类广告牌设计,包括主背景板、横幅、签到板、计分板、开球仪式、球道广告牌、果岭旗、发球区标志物、球童背心、纪念衫、球帽及所有现场物料布置等。

5.后勤组

(1)对竞赛组提出的场地设置所需的各类物资,进行询价并采购;

(2)球手或相关人员比赛食品、饮料的采购;

(3)配合广告设计制作组,完成各类广告牌架子的租赁或制作及安装事宜;

(4)安排现场医务保障事宜;

(5)需配合的其他事宜等。

6.财务组

(1)依据赛事做财务预算,确立各项开支分配比例;

(2)全程详细罗列各项收支情况,清单统计,报告赛事总监。

(二)赛前准备工作的组织与管理

赛前各项准备工作的组织与管理是各种高尔夫赛事活动的起始,也是保障赛事活动顺利进行的重要基础。赛前各项准备工作组织和管理落实得好,对整个赛事活动的顺利进行可起到事半功倍的作用。反之,将会对整个比赛过程产生不良的影响,甚至会造成难以实现预期比赛目标的后果。赛前具体准备工作如下。

1.组织招募或邀请参赛球手并接受报名

根据组委会所制定的竞赛规程,组织招募或邀请参赛球手并接受报名是赛前工作的一项重要内容。它包括:

(1)依据参赛球手的资格标准,制定球手参赛报名须知与报名表;

(2)依据球手参赛报名须知的相关要求,接受球手报名并审核参赛资格;

(3)依据球手报名情况(现场报名和网络、传真、邀请函报名)实施参赛球手分组编排;

(4)制定赛前球手报到(签到)工作流程与注意事项。

2.组织实施赛前球手报到(签到)

在接受球手报名和进一步审核参赛资格后,组织与管理参赛球手赛前签到是衔接正式比赛的重要环节,也是一项要求非常细致的工作。具体如下:

(1)确定球手报到时间和地点;

(2)组织专人负责接收球手的球包,标明姓名、球杆数量等信息,并分派或保存在相应的位置和地点;

(3)组织并设立球手签到台,接受球手签到;

(4)派发相关比赛礼品(如比赛指定服装、球帽、球或纪念品等),以及球手比赛分组表、比赛须知等;

(5)引导球手在指定的地点就餐、休息或练习等。

3.组织比赛开球或开球仪式

在高尔夫比赛中,不同性质的比赛设计不同的比赛开球方法。如职业比赛,通常是按照同一开球地点(发球台)不同开球时间(出发时间)有序进行的。而业余比赛则是根据不同比赛目的、规模和人数以及相关要求等,采取不同的开球时间和开球地点。对于一些具有商业赞助和社会影响意义的比赛,赛事组织者还要组织相应的比赛开球仪式。因此,无论是什么性质的比赛,作为赛事组织者根据不同性质和相关组织的要求,做好比赛的开球组织与管理工作,是赛前组织工作的一项重要内容。根据不同性质的赛制组织工作、开球形式与相关组织工作,主要包括以下内容:

(1)通过比赛公告栏、邀请函、竞赛规程等,公布比赛开球方式的相关通知,派发比赛开球时间顺序安排表,以及相关开球仪式的地点和要求的通知单;

(2)组织相同地点不同时间和顺序的开球方式、不同地点统一时间的开球方式等;

(3)对于需要组织开球仪式活动的比赛,应通过不同方式通知参赛球手和开球嘉宾在何处、何时,按照何种形式、程序,举行开球仪式,并根据开球仪式的规模和要求,布置开球仪式所需的场地环境,如开球背景板、嘉宾讲台和音响设备等。

4.赛前组织裁判员及相关比赛服务人员学习培训业务

高尔夫比赛的组织工作是一项涉及多领域、多因素的动态管理工作。从比赛专业人员(裁判、观察员、记分员)、比赛服务人员(球童、巡场员等)到后勤保障人员,都需要依据不同的比赛目的、规模进行合理的人员配置与职责分工,协同一致、相互配合以确保比赛顺利进行。对这些不同职责的专业分工与服务保障,比赛组织者应根据不同的比赛目标和规模等因素,在赛前进行有针对性的业务培训和学习。

赛前组织相关人员进行业务培训,主要包括以下相关内容。

(1)裁判相关人员业务培训与学习

裁判相关人员主要是指比赛裁判员、观察员、记分员等。赛前业务培训与学习内容如下:

①《高尔夫球规则》和当地规则的主要精神和条款,以及特殊情况下违反规则的处理方法与程序等;

②比赛中特殊领域比赛观察员的职责与处理问题的方法和要求;

③记分员的工作职责、流程和相关要求,以及特殊情况处理的方法与程序等。

（2）比赛服务人员业务强化培训

比赛服务人员主要指球童、巡场员、安全员等。赛前对这类人员的业务强化培训,主要包括以下内容:

①高尔夫基本规则、球童服务标准和要求,以及当地规则的相关要求、处理问题方法与程序等;

②巡场员的服务职责、要求,以及针对比赛相关规则规定的服务程序和要求等;

③安全员的工作职责、方法和要求,以及对安全隐患的防范措施与方法等。

5.赛前组织检查和设置比赛场地

赛前组织检查和设置比赛场地是一项体现赛事组织者专业能力和管理水平的重要工作,尤其是在举办大型高尔夫赛事活动时,赛前组织检查比赛场地并根据比赛地区的实际情况设置比赛场地,是高尔夫规则赋予竞赛组委会的基本义务和权利。这项至关重要的工作,通常是由负责竞赛工作的竞赛组来完成的。检查和设置比赛场地的主要内容包括以下几个方面。

（1）发球台设置

①设置发球区标志物(tee marker)时,应使两个标志物之间的连线与球场通道的方向一致。

②发球区的设置应有利于球手技术水平的发挥,应选择在较为平坦的发球台的某一区域。

③如果是多轮制的比赛,在设置短洞发球区时,出于对发球台草皮的保护,应在每一轮比赛结束后,及时调整下一轮发球区,以减少因球手击球时对同一地点的草皮过分的损害。

（2）球场通道的检查与设置

球场通道的检查与设置,是最为重要的赛前场地准备工作。赛前对场地在比赛中可能出现问题的区域和状态,竞赛部门都应在检查场地时做到心中有数。如什么地点、什么区域、什么情况下球手最容易发生什么问题,以及出现问题时应如何解决,竞赛部门在检查场地时必须十分清楚。同时,应将上述情况,在当地规则中清晰地予以说明。

①关于球场界线与界桩的设置

界线与界桩必须清晰可见,界桩与界桩之间应有明显的界线或其他替代性标志。界线以内的场地要有可以使球手补救和打球的合理区域。标定界外的立桩或线应为白色。标定界外的界桩为固定物,不是妨碍物。

②关于水障碍区标志的设置

水障碍区包括正面水障碍和侧面水障碍。正面水障碍必须用黄色的立桩或线标示;侧面水障碍必须用红色的立桩或线标示。

③关于整修地的标志设置

通常情况下,整修地是指球道中因病虫害需要修整草坪、部分场地施工(如修理排水管道等)和需要保护的地区,以及需要移走的临时性的堆积物和球场管理人员所挖掘的"坑穴"等。对此,在检查场地时,对上述地区应用立桩或线来标示,通常选用蓝色的立桩或线居多。

④关于妨碍物的认定

各种立桩、栏杆、喷灌控制箱、灯柱、休息亭等常见物体的认定说明。

(3)球洞区的检查与球洞位置的设置

赛前对球洞区的检查和球洞位置的设置也是球场标定设置中的一项重要工作。

①球洞区周围环境的检查和设置

有些球场果岭周围的环境很复杂,从球场设计师的角度讲可以此提高比赛的难度,如"岛果岭",但应根据水障碍的具体情况,设置适当的地点为"补救区"。

②洞杯位置的设置

作为有多轮比赛的赛事活动,对每一轮洞杯的位置进行调整是必要的。而洞杯位置的设置与调整,则应根据果岭的难易度、比赛的性质和球手的水平加以考虑。通常情况下,组委会是以旗布的不同颜色来区别洞杯所在不同位置的距离和难度。

③果岭速度的设置

果岭速度主要体现于球在经过推击后,在果岭上所应行进的速度和距离。它是球场果岭草坪质量的重要指标,也是应该公布给参赛选手的球场信息之一。

(4)依据检查和设置场地情况,制定当地规则

《高尔夫球规则》中的附属规则Ⅰ,赋予了竞赛组委会很大的权力。组委会在赛前检查和设置场地的工作越细致,当地规则制定得越准确,比赛中出现的问题就越少,裁判工作就越容易。当地规则的重要内容:标示界外、水障碍区、需要保护的球场区域、临时性状况(泥泞、过度潮湿、积水、恶劣状态等)、整修地、妨碍物、补救区等。

二、赛中的组织与管理工作

(一)比赛开球的组织与管理

1.同一发球台开球的组织与管理

一般情况下,职业比赛或高水平的业余比赛,组委会会组织球手在同一发球台开球开始比赛。组委会应在赛前通过张贴通知等形式,将所有球手的编排分组和每一组的开球时间(出发时间)告知所有球手。同一发球台开球的组织与管理应注意以下几点:

(1)处在第一发球台的裁判员(出发员)应遵循规则中有关出发时间的规定,严格按照每一组预定的出发时间依次进行。

(2)球手在规定的出发时间之前到达开球地点,组委会应安排其在第一发球台附近的推杆练习区域或指定的区域等待,不得影响正在开球的其他球手。

(3)应在第一发球台的显著位置设立一个可供所有球手掌握出发时间的标准时钟。

裁判员(出发员)应根据编排分组表的开球顺序和时间,组织并检查球手的有关证件,同时告知下一组准备开球的球手名单。

2.在不同发球台同一时间开球的组织与管理

在一些参赛球手较多的大型高尔夫赛事中,为了合理安排比赛时间,组委会可制定若干个发球台同时开球。如根据人数,可以安排第一和第十发球台同时开球,或采用18个发球台同时开球,也可以灵活采用6、9、12洞同时开球。

(1)在第一和第十发球台同时开球的组织与管理

前后半场两个发球台同时开球,组委会应将编排分组表在赛前的适当时间分送给每一位球手,或通过公告牌等形式告知所有球手。同时,在第一和第十发球台,组委会应各配置一个可供所有球手掌握出发时间的标准时钟。

(2)18洞同时开球的组织与管理

通常这种情况是在业余比赛时,由于参赛球手人数众多,为了保证比赛在基本相同的时间结束,而采用的开球组织方法。组委会使用信号(汽笛、鸣炮、鸣枪等)告知各个不同发球台上裁判员(出发员),通知球手开始比赛。18洞同时开球,每一个发球台建议都要有一名出发员,以监管和协调球手按组委会要求在得到统一信号后开球。

(3)多轮比赛的开球组织与管理

职业比赛由组委会提前确定开球时间,并确保通知到每位球手。通常情况下,职业比赛(男子四轮、女子三轮)前两轮比赛一般是3名球手为一组。男子比赛的后两轮和女子比赛的最后一轮,一般为2名球手一组。前两轮的开球时间安排,应相对合理,即每一组球手都有一个较早和较晚的开球时间。而后两轮(女子最后一轮)则是按照前两轮的比赛成绩安排开球的顺序,即前两轮成绩较好者,晚出发;反之,则较早出发。如果比赛时采用两个发球台同时开球,则第一轮从1号洞开球的球手,第二轮从10号洞开球。

(二)赛中赛程控制管理

根据不同比赛规模和比赛性质,比赛组织人员的结构也不可能相同。在通常情况下,举办一次大型的高尔夫赛事活动,在比赛进行中的相关事项及管理工作主要包括以下几个方面。

1.在比赛易发生问题的区域设置比赛观察员

比赛观察员:指由组委会指定的帮助裁判员判定事实问题或向裁判员报告违反规则情况的人员,他不是裁判。

2.对现场观众较多的大型比赛设置比赛安全员

比赛安全员:他不是裁判,其主要职责是维持比赛的良好秩序,保证球手在肃静和无任何干扰的状态下打球。球手打球时,安全员应高举手中的警示牌(QUIET),来告知现场观众保持肃静,不要来回走动或大声喧哗。

3.根据不同比赛方法配置记分员

记分员：是指由组委会指定的，在比杆赛中记录球手杆数的人员，他可以是同组比赛者，但不是裁判。记分员应在球手每一洞的击球入洞后、下一洞开球前，与球手确认并记录上一洞的杆数；并确保在完成比赛后，在记分卡上签字确认。

4.合理配置裁判员

裁判员：是由组委会指定的判定事实问题并执行规则的人，他应对自己观察到的或接到报告的所有违反规则的行为采取行动和判罚。他可以向观察员、记分员或比赛者的球童询问有关事实问题。通常情况下，对于大型高尔夫球比赛，组委会可以在2～3洞之间配置一名裁判员。

（三）比赛结束时的组织与管理

比赛结束时的组织与管理工作是圆满完成整个比赛十分重要的环节之一。对球手而言，最后一洞结束也就意味着本轮或全部比赛结束了；但对于赛事组织者来说，此时的工作远远没有结束，相反显得更加重要。主要有以下工作：收集记分卡、验收记分卡、统计成绩并公布。

1.竞赛组记分工作的管理

竞赛组的另一项重要工作是为球手计算比赛成绩和排名。

（1）设立记分卡提交处

收集记分卡是记分工作最容易出现问题的，也是准确计算球手成绩的重要环节。规则规定，球手一旦将比赛记分卡提交后，该球手的成绩就是最终的比赛成绩，球手就无权做任何更改。因此，竞赛组应向所有参赛球手明确提交记分卡的时间和地点。收集记分卡的工作人员，应提醒球手，记分卡上是否有自己和记分员的签名确认。

（2）记分卡验收员确认有效性

记分卡验收员主要确认记分卡是否有球手和记分员的共同签名确认。

（3）按照赛前公布的竞赛办法进行成绩计算和排名

计算球手的成绩和应用记分卡上的差点是组委会的责任，所以竞赛组工作人员应按照相应的竞赛办法，尽快计算球手的成绩，并统计比赛名次。经过检查无误后，报裁判长或竞赛组或组委会签名确认后，再行公布。

2.比赛颁奖仪式（晚宴）的组织与管理

宣布比赛成绩和组织比赛颁奖仪式（晚宴）是比赛的最后一项内容。比赛颁奖仪式可以设在场地比较开阔、环境较好的比赛成绩公告牌前进行；也可以设在球会的会所大厅、餐厅等处举行。在什么地点举行颁奖仪式，主要取决于组委会的事先安排。通常情况下颁奖仪式主要包括以下内容：

（1）主持人介绍与会颁奖嘉宾；

（2）大会裁判长或组委会主任宣布比赛名次和成绩；

（3）颁奖嘉宾向获奖球手颁发奖杯或奖章、奖品和证书；

（4）获奖球手讲话；

（5）领导或特邀嘉宾讲话；

（6）组委会为赞助商或承办、协办单位颁发纪念品；

（7）各类合影；

（8）宴会等。

三、赛后的工作

（1）场地整理、器材回收；

（2）回访、总结等。

第二节　高尔夫球运动竞赛规则和裁判法

高尔夫球是一项全球化的深受人民喜爱的体育运动。从著名的"莱德杯""总统杯""四大满贯赛"以及"七大巡回赛"到难以计数的各地的职业和业余赛事，无不遵从同一个法则——《高尔夫球规则》。《高尔夫球规则》是由苏格兰圣·安德鲁斯皇家古代高尔夫俱乐部和美国高尔夫球协会共同制定和颁布的，每四年联合发布一次，是参与高尔夫球运动的人必须遵守的行为准则。

一、高尔夫球运动基本规则

高尔夫球运动是一项高尚的体育运动，被人们称为绅士运动，参加比赛的每一位球手都应该具有自律和公平竞赛的精神。尽管高尔夫球的比赛规则繁多，但都是基于以下最基本的两点规则。实际上，所有的高尔夫球运动规则也都是在这两个前提下制定的。

1.高尔夫球最基本的两点规则

第一，参赛者务必在公平、公正的条件下进行比赛。

第二，比赛过程中必须要客观地处理对自己有利的状况。

高尔夫球运动的其他各项规则，都是基于以上两点基本原则所制定的。

遵守规则要从自己做起，高尔夫规则虽是由高尔夫协会制定的，但绝大多数仍由球手本身执行实际上的管理。当比赛进行时，每位球手皆负有使比赛公平公正的责任，并且基于公平竞争的精神，每一位球手应要求自己成为一位遵守规则的裁判。

2.以击球方式将球打进洞

第一，所谓打高尔夫球最基本的方式，就是将一颗球自发球区连续打击直至其进洞。简而言之，即由第一杆开始，接着第二杆、第三杆，重复地击球，将球打进洞，除此之外别无他法。若是拿着球移动,或是利用投掷、滚地等方法,都是违反规则的。

第二,待球处于静止状态后才能继续进行比赛。当球被击出后,不论是在何种状态下行进,都应该等到球处于静止状态后才可继续进行比赛,绝对不可触摸或挪动球的位置,亦不能为便于挥杆而改变周围的环境。

二、高尔夫球着装规则

一般的高尔夫俱乐部通常会要求球手着高尔夫球装下场打球。男女高尔夫球装的基本要求如表7-1所示。

表 7-1　男女高尔夫球装的基本要求

男士着装(正确)	男士着装(错误)
有衣领和衣袖的高尔夫球 T 恤衫	无领汗衫,背心,牛仔面料的衣服
短裤或长裤(短裤的长度应不高于膝盖以上或以下 2 英寸)	牛仔裤,运动短裤或西裤,网球短裤,沙滩短裤,中裤(七分裤)
系带高尔夫软钉球鞋(须穿袜子)	钢钉鞋,休闲鞋,凉鞋,网球鞋或运动鞋,跑鞋

女士着装(正确)	女士着装(错误)
有衣领和衣袖的高尔夫球 T 恤衫	无领汗衫,吊带衫,紧身短背心
长裤,裙或短裤(裙及短裤的长度应不高于膝盖 6 英寸)	牛仔裤,迷你裙,西裤,网球短裤,沙滩短裤
系带高尔夫软钉球鞋(须穿袜子)	钢钉鞋,休闲鞋,凉鞋,网球鞋或运动鞋,跑鞋

三、高尔夫礼仪规则

1.高尔夫球运动的精神

与许多其他运动项目不同,高尔夫球运动大多是在没有裁判员监督的情形下进行的。这项运动依靠每个参与者主动为其他球手着想和自觉遵守规则的诚实和信用。不论对抗多么激烈,所有球手都应当自觉约束自己的行为,在任何时候都应表现出礼貌谦让和良好的运动精神。这就是高尔夫球运动的精髓所在。

2.安全

球手在击球或练习挥杆时,应确保球杆可能击打到的地方及可能因击球或挥杆而被球或任何石块、小石子、树枝等打到的地方及其附近无人站立。

在前面一组球手还没有走出球的射程范围之前,球手不应当打球。

当球手的击球可能会危及附近或前方的球场管理人员时,球手应当随时提醒有关人员。

如果球手打球后球飞向可能会击中别人的方向,球手应当立即高声喊叫进行警告,在该场合警告的惯用语是"看球"。

3.为其他球手着想,不要干扰或影响他人

球手在球场上要始终为其他球手着想,不应走动、讲话或制造不必要的噪声干扰他人打球。

球手应当确保自己带到球场的任何电子用品不会对其他球手造成影响。

在发球台上,在轮到自己发球之前球手不应先架球。

注意击球顺序。在正式比赛中,第一洞开球如果事先没有编排分组表,则可以采用抽签的方式,或是按照差点高低,让低差点球手先开球;其余的发球台按照上一洞成绩决定发球顺序,即杆数最低的球手优先击球。球在球道或果岭上距旗杆最远的人优先击球。

不要破坏别人的推击线,也不要站在推击人的正前方或正后方。

当其他人准备打球时,球手不应站在球或球洞附近或球洞的正后方。

4.对球场的保护

在离开沙坑前,球手应仔细地平整好他以及其他人在沙坑内及附近造成的所有坑穴和足迹。如果沙坑附近有沙耙,应当使用沙耙进行平整。

果岭应得到悉心呵护,不要在果岭上停留过久。

5.避免不必要的损伤

球手应当避免对球场造成损伤,如在练习挥杆时削起草皮,或因生气或其他任何原因用球杆杆头砸击地面。

球手在离开球洞区之前应将旗杆正确地放回球洞中。

球手应严格遵守当地有关驾驶高尔夫球车的注意事项。

四、高尔夫球运动规则常用词汇(定义)

1.异常球场状态(Abnormal Ground Conditions)

"异常球场状态"是指球场上的任何临时积水、整修地或由掘穴动物、爬行动物或鸟造成的洞穴、遗弃物或通道。

2.击球准备(Addressing the Ball)

当球手将其球杆放在紧靠球前或球后的地面上,该球手即完成了"击球准备",无论他是否已经摆好站位。

3.助言(Advice)

"助言"是指任何能够影响球手打球决断、球杆选择或击球方法的劝告或建议。

有关规则的信息及众所周知的事实诸如障碍区的位置或球洞区上旗杆的位置,不属于助言。

4. 被认为移动了的球(Ball Deemed to Move)

见"移动或被移动(Move or Moved)"。

5. 入洞之球(Ball Holed)

见"球进洞(Holed)"。

6. 球遗失(Ball Lost)

见"遗失球(Lost Ball)"。

7. 使用中球(Ball in Play)

球手从发球区上击球之后,球即成为"使用中球",该球除去遗失、界外、被拿起或不论规则允许与否被另一球替换(不论是否允许替换)之外,直至击球入洞为止都一直保持使用中球的状态。当球被另一球替换时,替换的球成为使用中球。

如果在球手开始一洞的打球时从发球区外打了球,或者是在纠正某一错误时从发球区外打了球,则该球不是使用中球,规则 11-4 或 11-5 适用。否则使用中球包括当球手选择或被要求从发球区进行下一次击球时从发球区外打的球。

比洞赛中的例外:如果在球手开始一洞的打球时从发球区外打了球而对手并没有要求其按照规则 11-4a 取消该次击球,则使用中球包括此球。

8. 最佳球(Best-Ball)

见"比赛(Matches)"。

9. 沙坑(Bunker)

"沙坑"是指由去除草皮和泥土而代之以沙或沙状物并经过整备而多呈凹状的地域构成的障碍区。

沙坑边缘或沙坑内被草覆盖的地面包括草皮码放而成的表面(不论是有草覆盖的还是土质的)不属于沙坑的一部分。沙坑的侧壁或边缘未被草覆盖的部分属于沙坑的一部分。

沙坑的界线垂直向下延伸,但不向上延伸。当球位于沙坑内或其任一部分触及沙坑时,则该球为沙坑内的球。

10. 掘穴动物(Burrowing Animal)

"掘穴动物"是指出于习性或藏身需要而制造坑穴的任何动物,诸如兔子、鼹鼠、土拨鼠、囊地鼠或火蜥蜴等。

注:除非被标示或宣布为整修地,否则由非掘穴动物诸如狗造成的坑穴不属于异常球场状态。

11. 球童(Caddie)

"球童"是指按照规则帮助球手的人,他的工作包括在球手打球过程中为其运送或管理球杆等。

当一个球童受雇于一个以上球手时,在发生与球有关的问题的场合,他始终被视为是球的所有者的球童,而且他的携带品也被视为是该球手的携带品,除非该球童是按照另一球手的特定指示行动,在这种情况下他被视为是指示他采取行动的球手的球童。

12. 临时积水(Casual Water)

"临时积水"是指场上的任何暂时性积水,但水障碍区内的水不是临时积水,雪和自然冰根据球手的选择可以是临时积水或散置障碍物,但霜除外。人造冰是妨碍物。露水和霜不是临时积水。当球位于临时积水中或任何部分触及临时积水时,该球为位于临时积水中的球。

13. 委员会(Committee)

"委员会"是指负责竞赛的委员会,如果比赛中没有发生问题,则委员会负责球场事宜。

14. 比赛者(Competitor)

"比赛者"是指比杆赛中的球手。"同伴比赛者"是指与比赛者同组打球的任何球手,两者并非互为伙伴。

在四人二球赛和四球赛的比杆赛中,在不违反文意的情况下,"比赛者"和"同伴比赛者"的用语中包括其伙伴。

15. 球场(Course)

"球场"是指组委会设定的区域界线内的全部区域(见高尔夫球规则33-2)。

16. 携带品(Equipment)

"携带品"是指球手或为球手使用、穿着或携带的所有物品,但不包括在正在打球之洞使用的球及用来标示球的位置或标示应抛球区域范围的小物品如硬币或球座等。携带品中包括机动或非机动高尔夫球车。如果该球车由两个或两个以上球手共用,在发生与球有关的问题时,该球车及车上的所有物品均被视为球的所有者的携带品,若另一共用球车的球手正在移动球车,则球车及其中所有物品被视为是正在移动球车之球手的携带品。

注:当在一洞正在使用的球被拿起且未被放回原处成为使用中球时,该球是携带品。

17. 同伴比赛者(Fellow-Competitor)

见"比赛者(Competitor)"。

18. 旗杆(Flagstick)

"旗杆"是指一个上面可附有或设有旗布或其他物品,用来插在球洞中心以标示其位置且可移动的直的标志物。其横断面必须是圆形。禁止使用可能会对球的运动产生不适当影响的软垫或减震缓冲材料。

19. 观察球童(Forecaddie)

"观察球童"是受雇于组委会在打球中为球手指示球的位置的人员,他是局外者。

20. 四球赛(Four-Ball)

见"比赛(Matches)"。

21. 四人二球赛(Foursome)

见"比赛(Matches)"。

22. 整修地(Ground Under Repair)

"整修地"是指被组委会标示为整修地或由组委会授权的代表宣布为整修地的球场的任何部分,它包括须移走的堆积物和球场管理人员所做坑穴,即使它们没有被标示为整修地。

位于整修地内的所有地面和任何草、灌木、树或其他生长物均为该整修地的一部分。整修地的界线垂直向下延伸,但不向上延伸。标示整修地的立桩或线属于整修地内。上述立桩为妨碍物。当球位于整修地中或任何部分触及整修地时,该球为位于整修地中的球。

注1:被弃置在球场内而不准备移走的剪下的草和其他物体不是整修地,除非它们被标示为整修地。

注2:组委会可以制定当地规则禁止在整修地内或被标示为整修地的准环境保护区域内打球。

23. 障碍区(Hazards)

"障碍区"是指任何沙坑或水障碍区。

24. 球洞(Hole)

"球洞"的直径应为4.25英寸(108毫米),深度至少为4英寸(101.6毫米)。除非土质情况不允许,否则衬筒必须至少沉入球洞区表面以下1英寸(25.4毫米);衬筒的外径不得超过4.25英寸(108毫米)。

25. 球进洞(Holed)

当球静止在球洞内、整体都在球洞边缘水平面以下时即为"球进洞"。

26. 优先击球权(Honour)

首先从发球区打球的球手谓之有"优先击球权"。

27. 侧面水障碍区(Lateral Water Hazard)

"侧面水障碍区"是指水障碍区或其一部分,而根据地形无法按照规则26-1b在该水障碍区后方抛球或组委会认定为无法在其后方抛球的水域。

水障碍区中要被作为侧面水障碍区打球的部分应被特别标定。当球位于侧面水障碍区中或任何部分触及侧面水障碍区时,该球为位于侧面水障碍区中的球。

注1:用以标示侧面水障碍区的立桩或线必须是红色的。当同时使用立桩和线标示侧面水障碍区时,立桩作为障碍区的识别标识,而线标定障碍区的界线。

注2:组委会可以制定当地规则,禁止在被标定为侧面水障碍区的准环境保护区域内

打球。

注 3：组委会可以将侧面水障碍区标示为水障碍区。

28. 打球线(Line of Play)

"打球线"是指球手期望击球之后球运动的方向，再加上向期望的方向两侧延长适当的距离。打球线从地面垂直向上延伸，但是不越过球洞。

29. 推击线(Line of Putt)

"推击线"是指球手在球洞区进行击球之后期望球的运动路线，除去规则 16-1e 中提到的场合外，推击线包括向期望的路线两侧延长适当的距离。推击线不越过球洞。

30. 散置障碍物(Loose Impediments)

"散置障碍物"是自然物体，包括石块、树叶、树枝、树杈及其类似物，动物的粪便，蠕虫和昆虫及它们的遗弃物或堆积物等，它们不是固定的或生长着的，没有牢固地嵌入地面，也没有附着在球上。

仅限于在球洞区上，沙和松散的泥土属于散置障碍物。

雪和自然冰可以依球手的意见视为临时积水或散置障碍物，但霜除外。露水和霜不是散置障碍物。

31. 遗失球(Lost Ball)

符合下列情况的球被视为是"遗失球"：

球手的一方或他的或他们的球童开始找球五分钟后，没有找到球或球手不能确认是自己的球时；或球手打了替换球；或球手在被认为大概是初始球之所在地或较该地点更靠近球洞处打了暂定球。打错球所花费的时间不计入允许找球的五分钟内。

32. 记分员(Marker)

"记分员"是指由组委会指定的在比杆赛中记录比赛者分数的人员。他可以是同伴比赛者，但不是裁判员。

33. 比赛(Matches)

个人赛：一人对抗另一人的比赛。

三人二球赛：一人对抗二人，每一方各打一个球的比赛。

四人二球赛：二人对抗二人，每一方各打一个球的比赛。

三球赛：三人互为对抗的比洞赛，各自打自己的球，每个球手同时进行两个分别的比赛。

最佳球赛：一人对抗二人中分数较好者或三人中分数最好者的比赛。

四球赛：二人中分数较好者对抗另二人中分数较好者的比赛。

34. 移动或被移动(Move or Moved)

如果一个球离开原来的位置停留在任何其他地点，则该球被视为"移动"了。

35. 补救的最近点(Nearest Point of Relief)

"补救的最近点"是指对由不可移动妨碍物(高尔夫球规则 24-2)、异常球场状态(高尔夫球规则 25-1)或错误的球洞区(规则 25-3)造成的妨碍不受处罚地进行补救时的参考点。

该点是球场上最接近球的停点,而且能够满足以下要求:

(1)不比球原来的停点更靠近球洞;

(2)在球的初始位置打球会对球手的击球造成妨碍而需接受补救,但若将球置于该点,则上述妨碍不复存在。

注:为了准确地确定补救的最近点,球手应使用假设没有妨碍时他理应在下一次击球时使用的球杆模拟其击球准备位置、打球方向和击球的挥杆动作。

36. 观察员(Observer)

"观察员"是指由组委会指定的帮助裁判员判定事实问题,并向其报告违反规则情况的人员。观察员不应照管旗杆、站在球洞边、指示球洞位置、拿起球或标定球的位置。

37. 妨碍物(Obstructions)

"妨碍物"是指任何人造物体,包括道路及通道的人造表面和侧面部分以及人造冰。但下列物体除外:

(1)标示界外的物体诸如墙壁、栅栏、立桩和栏杆;

(2)在界外的不可移动人造物体的任何部分;

(3)组委会宣布为球场不可分割部分的建筑物。

当一个妨碍物不需使用超常的力量、不需造成不正当延误打球和引起伤害即可移动时,则该妨碍物为可移动妨碍物,否则,它是不可移动妨碍物。

注:组委会可以制定当地规则宣布可移动妨碍物为不可移动妨碍物。

38. 界外(Out of Bounds)

"界外"是指球场界线以外的区域或被组委会标定为界线以外的球场的任何部分。

当界外被立桩或栅栏限定,或作为越过立桩或栅栏的地方被标示时,界外线由立桩或除去斜支柱以外的栅栏支柱在地平面的最内侧点决定。

标定界外的物体诸如墙壁、栅栏、立桩和栏杆不是妨碍物,并被视为是固定的。

当界外由地面上的线标示时,该线本身属于界外。

界外线垂直向上下延伸。

当球的整体位于界外时即为界外球。

球手可以站在界外打位于界内的球。

39. 局外者(Outside Agency)

"局外者"是指比洞赛中与比赛无关者,在比杆赛中指不属于比赛者一方者,包括裁判员、记分员、观察员及观察球童。风和水都不是局外者。

40. 伙伴(Partner)

"伙伴"是指与另一球手互为一方的球手。

在三人二球赛、四人二球赛、最佳球赛或四球赛中,在不违反文意的情况下,"球手"一词中包括其伙伴。

41. 罚杆(Penalty Stroke)

"罚杆"是指按照相应的规则加算给一个球手或一方的杆数。在三人二球赛或四人二球赛中,罚杆不影响打球的顺序。

42. 暂定球(Provisional Ball)

"暂定球"是指球有可能在水障碍区以外遗失或有可能在界外时按照规则27-2所打的球。

43. 球洞区(Putting Green)

"球洞区"是指在正在打球的洞,是专为推击而特别整备的或组委会限定的全部区域。当球的任何部分触及球洞区时即成为球洞区内的球。

44. R & A

"R & A"是指圣·安德鲁斯皇家古老高尔夫球俱乐部规则有限公司(The Royal and Ancient Golf Club of St Andrews Rules Limited)。

45. 裁判员(Referee)

"裁判员"是指由组委会指定的与球手同行以判定事实问题并执行规则的人员。他必须对自己观察到的或接到报告的所有违反规则的行为采取行动。

裁判员不应照管旗杆、站在球洞边、指示球洞位置、拿起球或标定球的位置。

46. 球因局外者突然变向或停止(Rub of the Green)

"球因局外者突然变向或停止"是指运动中的球意外地被任何局外者改变方向或停止(见高尔夫球规则19-1)。

47. 规则(Rule or Rules)

"规则"一词包括:

(1)高尔夫球规则以及在高尔夫球规则判例中的解释;

(2)组委会依照规则33-1和附属规则Ⅰ制定的任何比赛条件;

(3)组委会依照规则33-8a和附属规则Ⅰ制定的任何当地规则;

(4)附属规则Ⅱ和Ⅲ中关于球和球杆的规格。

48. 一方(Side)

"一方"是指一个球手,或两个或两个以上互为伙伴的球手。

49. 个人赛(Single)

见"比赛(Matches)"。

50. 站位（Stance）

球手为准备击球而确定了双脚的位置即为做好了"站位"。

51. 规定一轮（Stipulated Round）

"规定一轮"是指除组委会另外认可时外，按正确的顺序打完球场上的各洞。委员会认可可以少于 18 洞的场合除外，规定一轮的洞数应为 18 洞。比洞赛中规定一轮的延长见高尔夫球规则 2-3。

52. 击球（Stroke）

"击球"是指意在打球并使其移动而使球杆向前的运动，但是如果球手在球杆杆头触及球之前自发地停止下挥杆则他没有击球。

53. 替换球（Substituted Ball）

"替换球"是指无论初始球是处于使用中球、遗失、界外或被拿起的任一状态时，被转为使用中球的球。

54. 球座（Tee）

"球座"是设计用来将球架离地面的用品。它的长度不得超过 4 英寸（101.6 毫米），在其设计和制造上不得有指示打球线或影响球运动的作用。

55. 发球区（Teeing Ground）

"发球区"是指现在准备打球之洞的起始处。它是纵深为两球杆长度，前面和两侧由两个发球区标志外侧边缘限定的方形区域。当球的整体位于发球区以外时，即为发球区以外的球。

56. 三球赛（Three-Ball）

见"比赛（Matches）"。

57. 三人二球赛（Threesome）

见"比赛（Matches）"。

58. 球场通道（Through the Green）

"球场通道"是指球场内除下列区域以外的所有区域：

（1）正在打球之洞的发球区和球洞区；

（2）球场内的所有障碍区。

59. 水障碍区（Water Hazard）

"水障碍区"是指任何海、湖、池塘、河川、水沟、地表排水沟或其他无覆盖水道（无论有水与否）及其他类似性质的水域。

水障碍区区域界线内的所有地面和水都是该水障碍区的一部分，水障碍区的界线垂直向上下延伸。标示水障碍区界线的立桩和线属于该障碍区内。标示水障碍区界线的立桩为妨碍物。当球位于水障碍区内或其任何部分触及水障碍区时，该球是位于水障碍区内的球。

注1：用以标示水障碍区的立桩或线必须是黄色的。当同时使用立桩和线标示水障碍区时，立桩作为障碍区的识别标识，而线标定障碍区的界线。

注2：组委会可以制定当地规则，禁止在被标定为水障碍区的准环境保护区域内打球。

60. 错球（Wrong Ball）

"错球"是指除球手的下列球以外的任何球：

使用中球；暂定球；或在比杆赛中按照规则 3-3 或规则 20-7b 打的第二球；并且包括：其他球手的球；被遗弃的球；不再是使用中球的球手的初始球。

注：使用中球包括不论允许替换与否实际上已替换了使用中球的球。

61. 错误的球洞区（Wrong Putting Green）

"错误的球洞区"是指除正在打球之洞的球洞区以外的任何球洞区。除组委会另有规定外，错误的球洞区包括球场上的练习球洞区和切击球洞区。

五、打球规则与判罚

高尔夫比赛是依照规则从发球区开始使用球杆对一个球经一次击球或连续击球将球打入球洞内的比赛，除按规则行动以外，球手或球童不得有影响球的位置或运动的任何行为，球手不得商议排除任何规则的应用或免除已被判决的处罚。高尔夫球规则的四大基本原则：除非规则中另有规定，球手一定要在现状态下打球；不能改变球场现有的打球环境；球手必须用球杆的杆头正确击球，而绝不可以采用推、拨或挖的方式；在障碍区内，球杆的任何部位都不能触及障碍区，也不能移动障碍区内的任何物体。为了便于理解和裁判，主要从发球区、球道区、障碍区和果岭区这四个地方的规则来说明。

1. 发球区规则与判罚

（1）遵守开球时间。迟到 5 分钟以内，比杆赛要加罚两杆，比洞赛判该洞负；迟到 5 分钟以上，失去比赛资格。

（2）首洞的击球顺序，按比赛规定的顺序进行，也可双方自行调整，如猜拳、抽签等。

（3）发球。发球必须在发球区内，是否使用球座由球手本人决定。发球区为球座后纵深两个球杆的长度，前面和两侧由两个发球区标志外侧边缘限定的方形区域。比杆赛中，如果在这个区域外发球，要接受两杆的处罚后并在发球区内重新发球。

（4）助言。向其他人询问从发球区到障碍区的距离以及沙坑、旗杆的位置，障碍区的位置等，不受罚。向比赛同伴询问有关如何选杆和击球要领，则要被罚两杆；同伴若回答了，同样也要被罚两杆。

（5）球从球座上滑落。在往球座上放球时，球从球座上掉下或准备击球时杆头不小心碰到球使球落下，可以将球重新放回球座而不受罚。但如果击球时没打到球，不管球是否移动，均应算一杆。

（6）球出界。如果球飞出界外,球手必须接受"一杆加距离"的处罚,在上一次击球处打一个球,被判罚一杆。

（7）有关球杆规定。球手可以携带不超过14支球杆。比赛中可更换损坏或不堪使用的球杆,但以不耽误比赛为原则,而且不论补充或更换球杆,皆不得向球场上任何一位参赛者借用。

2.球道区的规则与判罚

（1）击球顺序。在球道中,击球顺序应由离球洞较远的人先打。

（2）打错球。错打了别人的球,比杆赛中被罚两杆、比洞赛中该洞负。而自己的球被局外者动了,不受罚,但必须把球放回原位。

（3）不适于使用之球。在确认自己的球是否损坏时,球手应遵循以下程序:首先宣布意图、标定球位、拿起球检查(不得擦拭球);并要向同组比赛者、记分员或对手提供监督整个过程的机会,则不受处罚。

（4）不可打之球。球手是唯一确定球是否为不可打之球的人。球到了没法打的地方,可以和对方说明罚一杆把球拿出来,在不更靠近球洞方向,两杆范围内抛球;或回到上一次击球的地方再打一个球;或在初始球的后方抛一个球,使抛球点位于球洞与初始球位连线的后方,距离不限。

（5）临时积水。当球位于或部分接触到临时积水时,或临时积水妨碍了球手站位时,可接受免罚杆补救。在最近补救点不更靠近球洞方向,一杆范围内抛球。

（6）球移动。由于球手的原因导致球移动的,罚一杆,且必须将球放置回原位。

（7）抛球。根据规则,应让球自由落下。具体做法是:面向球洞方向站立,一只手持球伸向水平方向,与肩等高,然后张开持球之手,使球落地。如果由其他人或其他形式落地又不按规则纠正错误,球手要被判罚一杆。如球落地前后碰到球手、同伴、球童及其装备,则需重新抛球,不罚杆。

（8）不可移动妨碍物。球手在受到不可移动妨碍物的妨碍时,可接受免罚杆补救。在最近补救点不更靠近球洞方向,一杆范围内抛球。

（9）遗失球。在5分钟内找不到球或辨认不出自己的球则视为遗失球,球手必须接受"一杆加距离"的处罚。罚一杆,回到上次击球的地方再打一个球。

（10）球手不得改善球位、预期站位、挥杆区域、打球线。如球手击球前折断了挥杆区域的一根树枝,他要接受两杆的处罚。

（11）击中球车。球打在自己的推车或球袋上,罚一杆。

（12）击中人。球击中自己、同伴或球童时,要罚一杆。

（13）连击球。击球时,若连击(一次击球,球与球杆接触2次以上),击球有效,但加罚一杆。

3. 障碍区规则与判罚

(1)球进入沙坑障碍区。球手不得测试该障碍区的状况,不得用自己的手或球杆触及沙坑,不得触及或移动位于沙坑内的散置障碍物,包括拿走落下的树叶、枯草、小石头等散置障碍物。违反该规则的处罚是在比杆赛中加罚两杆,在比洞赛中判该洞负。

(2)球进入水障碍区(黄桩或黄线标识)。球手可以在现有位置打球;也可以被罚一杆后,在该水障碍区的后方抛一个球,使抛球点位于球洞与入水点连线的后方,距离不限;或回到上一次打球的地方再打一个球。球进入侧面水障碍区(红桩或红线标识),球手可以按照以上三种方式处理外,还可以在入水点的水障碍区外不更靠近球洞方向两杆范围内抛球;或在该侧面水障碍区的对岸与球洞等距离并符合以上要求(该水障碍区外不更靠近球洞方向两杆范围内)的区域抛球。

4. 球洞区(果岭)规则与判罚

(1)擦拭球。球打上球洞区,可以擦球,但必须做好球位标记,没有做标记,要罚一杆。

(2)拔旗杆。球手在果岭上推杆时,必须移除旗杆。

(3)击球顺序。谁的球离洞远谁先打球。

(4)妨碍球。妨碍别人打球的球,可以拿起但应做标记。

(5)散置障碍物。推击线上有树叶可以拿走,但若在推击线上有钉鞋的印痕,则不能去整理。

(6)运动中球。别人推的球还在动时,就做动作打自己的球,罚两杆。

(7)击球入洞。正式比杆赛中,每一洞都必须击球入洞,否则即失去参赛资格。

(8)球碰球。打球上果岭时,如碰到果岭上别人的球,要把被碰到的球放回原位(若两个人的球都在果岭上,打到球的人要被罚两杆)。

(9)误击入洞。比赛时,如误将别人的球击入洞,要被罚两杆,别人的球不算入洞,需从洞中取出,放回原位。

5. 其他规则

球的位置是所有比赛规则的一个基本出发点,为了保证自己对比赛规则有充分的了解,避免因犯规而失利,一定要记住以下有关规定:

(1)当整个球处在界外时,球为出界。判断标准是界线柱最内侧的点在地面上的连线,有些情况可视为边界线。

(2)当球的任何部分接触到水障碍区标记线时,球就处于水障碍区了,要记住标志柱本身也是水障碍区的一部分。

(3)当球的任何部分接触到果岭时,球就位于球洞区了。如果球在果岭边缘,有一部分突出于果岭之外,则不能算是在球洞区。

(4)如果球的任何部分位于发球区内,则应视为在发球区内架球。发球区是一个长方形的区域,宽度为两个球杆的长度,前面和侧面由发球区标记的外界线来决定。

由于最初的高尔夫球比赛是从英国开始的,所以最初的高尔夫球比赛规则由刻板的英国律师们用法律的形式撰写而成,他们将法律辩论用语搬到球场上,语言生涩难懂,内容烦琐难记,这些规则大大阻碍了高尔夫球运动的发展与推广。进入 20 世纪以后,美国高尔夫球协会和英国圣·安德鲁斯皇家古老高尔夫球俱乐部被公认为解释和修订高尔夫球规则的权威机构,由它们制定了一套语言生动易懂、内容简单易行的正式高尔夫球规则。现在,世界性的国际高尔夫球比赛必须按这一套规则严格执行。正是有了这样一套既有竞争性又有趣味性的公正合理的规则,很多人逐渐参与并迷上了高尔夫球运动,促进了高尔夫球运动在全世界范围内的推广。

当然,高尔夫球运动并不是一种只有竞技性的、按规则严格判罚的比赛,对一般性的高尔夫球友谊赛、邀请赛而言,规则要求没有那么严格。在高尔夫球运动中,只要球手遵循以下两条原则,高尔夫球的规则还是很容易理解的:

第一,要保持球的现状来打球,也就是从发球台把球打出后,一直到球被打上果岭以前,不能用手去摸球(即使球的落点很不理想,也要在原位打球)。

第二,比赛要在公平的条件下进行,不能只考虑到对自己有利的情况。

尽管高尔夫球规则是由高尔夫球协会和每次竞赛的组织者制定的,但这些规则以球手不故意犯规为前提,在竞赛中主要还是靠球手自己来管理。球手要以公正的比赛精神为基础,自己遵守规则,自己给自己当裁判员。球手必须牢记一点:文明和高尚的精神是高尔夫球规则的精髓。

第三节　校园小型竞赛活动的组织与实施

学校筹备举办小型高尔夫球竞赛活动,应该在部门主管领导下,成立筹备组委会,讨论决定竞赛活动的组织方案、竞赛规则和组织机构等,开展竞赛活动的筹备工作。

一、校园小型竞赛活动的筹备组织工作

(一)组织方案

组织方案由筹备小组根据实际情况制定,它是筹备、召开竞赛活动的依据。组织方案通常包括以下内容。

1.竞赛活动名称、目的和任务

根据竞赛活动的目的、任务和其他特殊要求来确定。

2.竞赛活动的规模

主要包括参加单位、参加人数(运动员、裁判员和工作人员)、竞赛组别和竞赛项目等内容。

3. 竞赛活动的组织机构

根据工作需要确定。包括机构构成部门、各工作部门负责人、各工作部门的工作人员名额等内容。

4. 竞赛活动的日期和地点

5. 竞赛活动的经费预算

根据实际需要确定。一般包括：会场布置、场地修建、比赛器材、裁判用具、宣传、奖品、印刷、文具、医药等费用。

6. 工作步骤

主要说明竞赛活动的筹备工作分哪几个阶段进行，各阶段主要工作安排等。

(二) 竞赛规程

竞赛规程是开展竞赛工作的依据，通常包括以下内容：

1. 竞赛活动的名称、目的、任务和主办单位

2. 比赛日期和地点

3. 参赛单位和组别

4. 比赛项目

5. 参加比赛办法

包括每单位可参加多少人(男、女)，每人可报几项，每项限报几人等。

6. 报名办法

包括报名表格填写方法，报名截止日期，报名条件等。

7. 计分及奖励办法

说明各项录取名额，个人以及团体总分的计算与奖励办法。

8. 比赛规则

根据实际情况制定比赛规则。

9. 其他事项

包括召开领队会议的时间及其他未尽事宜。

(三) 组织机构

竞赛活动的组织与进行，是一项复杂而细致的工作，为统一管理，便于工作，必须建立组织机构。通常建立三个组开展工作。

1. 宣传组

负责宣传教育、会场布置、开幕式和闭幕式的组织以及奖状、奖品的发放等工作。

2. 竞赛组

负责编印秩序册、培训裁判员以及竞赛裁判等工作。

3. 后勤组

负责场地与器材准备、奖品的购置、赛会饮水供给和医务人员配备等工作。

二、校园小型竞赛活动的实施工作

（一）赛前工作

1.召开领队、教练员会议

召开领队、教练员会议，发放秩序册和号码布，提出各项比赛要求，说明竞赛规程以外的有关规定。

2.组织裁判员学习

组建裁判员队伍，组织裁判员学习和进行裁判员分工，准备好裁判员用的各项表格及其他用品，做好竞赛裁判的一切准备工作。

3.准备场地器材

4.布置好会场

布置好主席台和安装扩音设备，安排好检录处、准备活动场地、编排和记录公告组工作处、成绩公告栏、休息室、医务站、饮水处等。

（二）赛中工作

1.组织好入场式和开幕式。

2.根据比赛要求，做好场地的布置和器材的供应及回收工作。

3.根据比赛进程，在必要时调整好比赛秩序。

4.做好比赛成绩公告、发奖和大会宣传、教育工作。

5.加强安全措施，维持好赛场内、外秩序，做好医务工作。

6.组织好闭幕式。

（三）赛后工作

1.整理运动成绩和比赛纪录等资料，有条件和有必要时编印成绩册。

2.清理场地器材和各种工具。

3.做好竞赛活动的总结工作。

知识拓展

高尔夫最原始的 13 条军规

现代高尔夫球运动的雏形早在 13、14 世纪就在苏格兰出现。现在我们谁也无法知晓，当初的牧羊人具体是用怎样的规则来进行游戏的。直到 18 世纪中期，高尔夫球运动才有了第一版成文的规则，这就是现在为人们所熟知的"高尔夫最原始的 13 条军规"。

这个版本的规则也被称作"利斯（Leith）规则"，因为其是由苏格兰爱丁堡利斯地区的球手一起制定的。这份规则最初的目的,是用于1744年爱丁堡银色俱乐部(Edinburgh Silver Club)每年一度的挑战赛。世界上第一个文字版本高尔夫规则的诞生,比圣·安德鲁斯皇家古老俱乐部(R&A)的建立还要早10年。实际上,在现今的高尔夫规则中,很多地方都能找到这13条原始规则的影子。

规则一:你必须在距洞一支球杆长度范围内开球(即以球洞为圆心,一支球杆长度为半径的圆形范围内。高尔夫最初起源时,球洞区与发球台为一体,这一球洞区即是下一洞的发球台)。

规则二:你的球座必须在地面上(当时的球座由小沙堆形成)。

规则三:在比赛中不允许更换高尔夫球。

规则四:不能为了打球方便而移动石块、骨头、树枝等,除非在该洞的果岭上,但只能理除距球一杆范围内的面积。

规则五:如果你的球落水,或进入类似的沼泽区,你可以将球取出放在水障碍后击球,并因此让对手一杆(球入水障碍区后处理方式的雏形)。

规则六:无论在任何地方,如果你的球跟其他球碰到了一起,要把原来的球拿起,直到你完成击球。

规则七:在推球入洞时,要诚实地打自己的球,不要做小动作,如使自己的球碰对方的球。

规则八:如果你的球遗失,你要返回到上一次击球的地方再打一个球,同时让对手一杆。

规则九:在推球入洞时,不允许任何人用球杆或其他物品来标识他的球路。

规则十:如果球被人、马、狗或者其他的任何事物所阻止,应该在球的现有状态下继续打球(球被局外者变向或阻止)。

规则十一:如果在以击球为目的的情况下挥杆,球杆断裂或损坏导致击球失败,这一杆应算作一次击球(现规则对击球的定义)。

规则十二:距离洞最远的球手应最先击球(高尔夫球运动最传统的规则之一,至今未有任何变化)。

规则十三:用于保障林克斯球场的沟渠、壕沟和堤坝等不视为球场障碍。球可以从中取出,并用任何铁杆进行击打(这可以算作是第一条成文的当地规则,在现在的规则条文中对应的描述是球场整修地)。

自那以后,高尔夫球运动规则不断被修改和完善,到1897年,R&A成立专门的规则委员会,对规则进行详细的制定。从1952年开始,世界两大高尔夫组织——R&A和USGA每两年都会召开专门的会议,对各自版本的规则进行协调与统一。

学以致用

1. 请你画出正式高尔夫球比赛的组织架构图。
2. 在打高尔夫球过程中,经常会碰到的判罚有哪些?举例说明。
3. 学校要举办高尔夫球比赛,请你做出一个详细的比赛方案。

第八章　高尔夫球常用英文词汇与短语

应知导航

　　在高尔夫球运动中,英语是通用语言,几乎所有的高尔夫术语都是用英语来表示的,而且其术语的专业性很强,理解时不能仅看字面意思。下面按照英文 26 个字母顺序列举高尔夫球常用词汇与短语。

A

Ace	一击入洞
Address	瞄球、击球准备,瞄准击球
Addressing the ball	瞄球站好位,准备击球
Advice	助言
Against logy	加一杆赛
Against par	标准击球比赛
Air ball	打空球
Albatross	信天翁;双鹰;比标准杆少三杆
All stroke	全力挥棒
Amateur	业余球手
Angel golf	天使高尔夫球运动,小型高尔夫球运动
Anti-shank	免于斜飞,球杆设计成可以消除以杆头跟部(插鞘)击球的可能
Approach shot	轻击球,打近球
Approach	击接近球,接近球,切球上果岭,从球道上或粗草区切球上果岭
Apron	花道、果岭周围修剪过的短草区,与果岭接界的草坡(草比球道草短,比果岭长),球洞周围草坡
Arc	杆头弧线,挥杆时杆头经过的轨道

Arms and shoulders	肩臂动作
Army	让分棒球
Arwy	计分杆数（前九洞的成绩取决于 hand leap）
Atert	正确记号（比赛结束后记分员检查记分卡证明）
Attest	证明，成绩
Attend	照管旗杆
Average golfer	一般水平球手
Away ball	开球，离球洞最远的球，开球最先打的那个球
Away	离洞最远的球，离洞最远而先击的球

B

Baby golf	小型高尔夫球赛
Back sole	朝后杆头底部
Bake door	球洞后方
Bake nine	后九洞
Back spin	下旋球（后旋球）
Back swing	上杆，后挥杆
Back tee	发球区（职业男球手比赛时），后方球座
Baff	以球杆底端刮地击球，使球高飞
Baffy	四号木杆别称
Balance point	（球杆）平衡点
Balata	巴拉塔橡胶
Ball above stance	球高于站位
Ball below the stance	球低于站位
Ball mark	球迹
Ball on down-slope	斜下坡球
Ball on up-slope	斜上坡球
Bang	扣击
Baseball grip	棒球式握杆法，自然握杆法
Beach	沙土障碍
Bent grass	常绿草

Bermuda grass	百慕大草
Best ball match	最佳球赛
Best ball	最好的球
Birdie	博蒂或称为小鸟球,某洞的成绩低于标准杆一杆
Bisk	每场让一击或几击
Bite	强后旋球
Black shaft	碳纤维杆身
Black	碳纤维木杆
Blast	从沙坑打出球,沙坑爆发杆,猛然大力击球
Blind hole	盲洞(因地势遮掩而看不到)
Blind nassau	两组分区赛
Bogey competition	标准击数与个人击数的比分赛
Bogey	标准分数,标准击数超一击,每洞的标准杆数,超过标准杆数的一击
Bogie	柏忌,某洞的成绩高于标准杆一杆
Bone	插进杆头的羊角
Borrow	击球略偏
Bottle golf	儿童高尔夫球
Brace up	紧握球杆
Brassie	2号木杆旧称
Break-club	可能破坏球杆的障碍物
British Open	英国公开赛
Bulge face	鼓式击球面
Bulk	大部分
Bunker	沙坑,场地上一大片凹地,通常布满沙子,是一种障碍,即沙障
Bye hole	无须再击洞
Bye	余洞

C

Caddie bag	球杆袋
Caddie Fee	杆弟费
Caddie	杆弟或球童,服务员
Caddie-master	球童主管
Calkin's handicap system	卡尔金式让分赛制
Calkin's handicap system	卡尔金式差点比赛制
Callaway handicap system	卡罗韦差点制
Card	比分卡
Carpet	地毯
Carried honor	优先开球权
Carry over	重赛
Carry	飞越/飞行距离
Casual water	临时积水区
Chief 1	1 号木杆
Chin	切削击,近洞击
Chip in	近击入洞
Chip shot	打出滚地球让球滚进球洞,切削击球
Chip	切球,击向果岭的高球,通常从果岭边击向旗杆洞口
Chipper	切起杆,球杆杆面较垂直,用以从果岭边击出低的切起球
Claim	抗议(比赛中对方违反规则所提出的意见)
Clean	不切草皮的打法,直接击球(不伤及草地的击球方式)
Cleek	5 号木杆的旧称
Close lie	球停在硬地上
Close stance	预备姿势
Close look at the swing	头眼神与挥杆动作协调一致
Close	封闭式站姿
Closed	关闭面
Club face	杆面
Club head	杆头

Club length	球杆长度
Club house	会馆
Club	球杆
Cock	曲腕
Compact swing	挥杆动作小而有力
Compression	球的硬度
Control shot	控制击球方向
Concede	在一洞或比赛中认输
Cop	障碍顶部
Couch grass	茅草,杂草
Course record	球场最佳纪录
Course	高尔夫球场
Cross bunker	横跨的沙坑
Cross wind from left	利用左斜风击球
Cross wind from right	利用右斜风击球
Cup up	打高球
Cup	球洞
Cuppy lie	打进洼地
Curling under	打左旋球
Cut shot	切击球,击球的方式使得小白球顺时针旋转产生由左飞向右的弯曲飞行
Cut	入围

D

Dead	十分接近球洞点
Deck golf	甲板高尔夫球
Deuce	两杆入洞
Devot	球在小坑
Distance only	继续打出界的球
Ditch	沟,球路沟渠
Divot	杆头削去的一块草皮,草皮断片

Dog leg	狗腿形
Dogleg hole	狗腿洞,指球道在中途急剧改变方向,通常在开球的落点处改变方向,可能是左弯,也可能是右弯
Dormie	多米,这是比洞赛用的名词,指某位球手领先的洞数与未赛洞数相等而胜利在握时
Dorwy	领先球洞与剩余球洞相同
Dot	球面小色点
Double Bogey	双柏忌,高出标准杆两杆
Double duty iron	9 号铁头球棒
Double eagle	双鹰;美国用词,指某洞的成绩比标准杆低三杆;在英国则称为信天翁
Double green	双洞果岭
Double home in one	再次一杆入洞
Down blow	向下击球
Down hill lie	球停在下坡上
Down swing	下杆,向下挥杆
Down	落后击数,输的洞数
Draw	左曲球,异侧曲线球,斜击球
Dribble putt	多次向洞击球
Drive	发球,打远球,打远赛
Driver	1 号木杆,大多数球洞用 1 号木杆从球座开球
Driving contest	打远赛
Driving into wind	风中打远球
Driving iron	1 号铁杆
Driving range	练习场
Driving shot	木杆击球
Driving the green	直接开球上果岭
Drop	抛球,击球入洞
Dub	击球失误
Duff	漏击,击球失误
Dynamite	厚杆头球杆
Duck hook	严重左曲球

E

Eagle	老鹰,某洞的成绩低于标准杆两杆
Eclectic competition	折衷比赛
Edge	果岭边缘
Eclectic score	折衷分
Embedded	嵌入地面的球
Entrance fee	入场赛
Entry	申请
Even par	满击数
Even	总杆数平标准杆
Event	比赛项目
Evergreen	常绿草地
Explosion shot	爆发力击球
Extra hole	加赛洞

F

Face	球杆面
Fade	右曲球
Fairway wood	球道木杆
Fairway	球道
Fast green	快速滑球果岭
Fat shot	击地球
Fault in swing	错误挥杆动作
Feathery	羽毛制高尔夫球
Feature hole	特征洞
Feet and legs	腿脚动作
Fescue	牛毛草
Finger grip	手指握杆法
Finish	完成任务
Fired egg lie	埋在沙土中的球

First nine	前九洞
Flag competition	击远比赛
Flag stick	旗杆
Flange sole	厚底铁杆
Flat course	平坦球场
Flat lie	球停在平地上
Flat swing	平挥杆
Flight	飞球距离
Fluff	击球失误
Fly ball	高飞球
Fog	苔草地
Follow through	随球动作,前挥杆
Follow wind	顺风
Foozle	失误的一击
Fore caddie	观察球童
Fore	躲开,前方注意
Form	挥棒姿势
Forward press	前压,击球前身体的前倾
Founder	球打入泥地
Four ball	四人球赛
Fours	双打比赛,参加双打者
Foursome	四人二球赛
Free drop	自由抛球
Front nine	前九洞
Front tee	前方球座
Full set	一套球杆
Full shot	全力击球
Full swing	全挥杆
Furrow	障碍平整后的痕迹

G

Gallery	观众
Gimme	免推
General rule	基本规则
Glass lunker	草地障碍物
Gloves	手套
Go	剩余洞数
Gobble	快击球入洞
Golf bag	高尔夫球袋
Golf ball	高尔夫球
Golf cart	高尔夫手推车,高尔夫机动车
Golf club	高尔夫球杆,高尔夫球俱乐部
Golf course	高尔夫球场
Golf dom	高尔夫球界
Golf links	林克斯高尔夫球场
Golf	高尔夫球,高尔夫球运动,打高尔夫球
Golfer driving	球手挥杆击球
Golfer	高尔夫球手,运动员
Golfing	高尔夫球运动,打高尔夫球
Goose neck	杆颈
Grand Slam	大满贯
Graphite	石墨,碳纤
Grass bunker	绿草洼地
Grassed	杆头击球面微向后斜的
Green fee	果岭费
Green keeper	果岭管理者
Green some	一球比赛
Green	果岭
Green Jacket	绿夹克
Green side	果岭边缘

Grip	握把
Grooved swing	正确的挥杆动作
Gross	总杆
Ground	杆头触地
Grounding	触地；球杆底部接触球后面的地，准备击球
Guiding post	标志杆
Guttie	古塔球

H

Half a match	平局
Half a stroke	每隔一球让一击
Half one	每隔一洞让一球
Half round	半场
Half set	半套球杆
Half	半场
Halve a match	打成平手
Halve	同分，击数相同
Halved match	同分赛
Hand and wrist action	手腕动作
Hand down	手向下移
Handicap	差点
Hanging ball	停在斜坡上的球
Hazard	球路障碍
Hazards	障碍区
Head still	头部不动
Head	杆头
Head cover	球杆杆头套
Heel down	足踵落地
Heel	以杆头跟部击球失误
High handicap	多让分
Hit through	挥杆余势，随球动作

Hitting area	击球区,击球位置
Hole down	净负洞数(比洞赛时所输的球洞数),净负分数
Hole in one	一杆进洞
Hole match	每洞决定胜负
Hole out	击球入洞
Hole up	净胜洞数
Hole	球洞
Home course	主方赛场,本场
Home link	主方赛场,自己所属俱乐部的球场
Home	第18洞,最后一洞
Honor	优先击球权
Honorable member	荣誉会员
Hook spinning	左曲线击球
Hook	左曲球
Hose	铁头插座,插鞘
House caddie	场地服务员
Hummock	草皮小丘

I

Impact face	击球面
Impact	冲击球
In	后九洞
In-course	后九洞,后半场
In play	使用中球
Indoor golf	室内高尔夫球
Indoor	室内
Inland course	内地球场
Inside out	由内侧向外侧挥杆,内转外挥短杆
Intended line	目标线
Intentional slice	定向曲线球
Interlocking grip	互锁式握杆法

In-to-out	内向外挥杆
Invitation match	邀请赛
Iron shot	铁杆击球
Iron	铁杆

J

Jerk	猛击
Jerking	猛击球
Jigger	10 号铁杆或 11 号铁杆,铁头球杆
Just middle	正中球心
Jungle	长草区

K

Kick	反弹球
Kill	用力出球

L

Ladies par	女子标准杆数
Ladies' tee	女用球座
Last call	最后比赛
Last hole	最后一洞,决定胜负的最后一击
Last nine	后九洞
Lateral water hazard	侧面水障碍区
Laterally motion	腰部横转动作
Lay-up	保守打法
Leader board	记分牌
Line	击球方向线
Line up	瞄球
Left leg hole	左狗腿洞
Lie	球位置,球落点的位置
Like	两人击数相同

Like-as-we-like	两方击数相等
Links	滨海球场
Lip	洞边,洞沿
Liquid ball	液体芯球
List action	手腕动作
Local knowledge	了解球路情况
Loft	杆面斜角
Lofted	击向空中的球,腾空的
Lofting mashie	铁头球杆
Long ball	长球,远球,长距离球洞
Long iron	长铁杆
Long putt	长打入洞
Long shot	长打,远打
Loop	高飞球弧线
Loose grip	松握,轻握
Loose impediment	非固定障碍物
Loose impediments	散置障碍物
Lost ball	丢失球,遗失球
Lost hole	输掉的洞
Low handicap	少让分
Local rules	当地规则
LPGA	女子职业高尔夫协会,是 Ladies Professional Golf Association 的首字母简写

M

Marshall	巡场员
Mallet head putt	木槌形杆头的球杆
Mark the ball	在球上做标志
Mark	球标,记号
Marker	记分员,记分人员
Mashie	五号铁杆旧称

Match play	比洞赛
Matched club	标准球杆
Medal match	比杆赛
Medal play	击数比赛
Medal score	全场总分
Medallist	预赛中成绩最佳者
Medium iron	中铁杆
mid mashie	3 号铁杆旧称
Midget golf	小型高尔夫球运动
Mid-iron	2 号铁杆旧称
Missed shot	漏击,击球失误
Misclub	错误用杆
Misread	读线错误
Miss the cut	淘汰
Mixed foursome	男女混合四人对抗赛
Model swing	示范挥杆
Mongrel iron	厚铁头球杆/铁杆
Morning test	以首洞成绩定胜负赛
Mulligan	让一击

N

Narrow blade	窄铁头球棒
Natural golfer	正确姿势高尔夫球手,天才高尔夫球手
Natural grip	自然握杆法
Near pin contest	近洞赛
Neck	杆头,棒颈
Net score	净杆数
Net	净杆,余数,净数
Never up never in	差一点,不入洞
Niblick	九号铁杆旧称
Nineteen hole	19 洞

No return	中途弃权,未回终点
Nose	杆前端

O

Out of bounds	界外
O. B	出界
Observer	观察员
Obstacle golf	障碍高尔夫球运动
Odd	比对手多一击
Odds	差距(胜负距离)
Off the pace	落后
Off	失调
Official handicap	公开让分,正式让分
On	球击上了果岭
One off three	三洞让一击
One off two	两洞让一击
One on	一击打上球洞草地
One piece swing	连续挥杆击球动作
One put	一击入洞
One shot hole	一击可到球洞
One-putt	一次推杆
One up	领先一洞
Open face	棒开放杆面
Open stance	开立击球姿势
Open	公开赛;开放式站姿
Orthodox	传统打法
Out of course	前九洞的俗称
Out	前九洞
Out bounds	禁止击球区
Outside agency	局外者
Outside in	外内挥杆;由外侧向内侧挥杆

Outside	球的飞行线同侧
Over club	超规定球杆
Over clubbing	超号球杆
Over one	总杆数比标准杆多一杆
Over Par	超过标准球,超过标准击数,高于标准杆
Over spin	上旋球
Over swing	挥杆过度
Over two	多两杆,其余类推
Over	超洞球,过洞球
Overdrive	击球过远
Overlap	叠用球杆
Overlapping grip	叠指握杆
Overplay	击得过远

P

Pairings	两个球手一组
Palm grip	手掌握杆法
Par	标准杆
Part	推杆
Partner	伙伴
Pass	超越
Peg tee	钉形球座
Penalty stroke	罚杆
Penalty	处罚罚杆
PGA	职业高尔夫协会,这是 Professional Golfer's Association 的字首字母简写
Pick and shovel	掘击
Pin	旗杆
Pitch and run	把球打上草地滚到近洞处
Pitch out	球杆末端击球
Pitch shot	高球,劈起球

Pitch	击成下旋高球,劈起球
Pitcher	7 号铁杆
Pitcher niblick	8 号铁杆旧称
Pitching mashie	短球杆
Pitching wedge	劈起杆
Pitching	劈起
Place	置球
Placement	定位球
Play down a severe slope	击中斜坡球
Play from slope	斜面击球
Play short shot into the wind	风中击短球
Play the like	差一击时击球
Play the odd	击数相同后击球
Play up severe slope	击中斜坡球
Play-club	1 号铁杆
Play club	击球杆
Player	与赛者
Playing out of thick rough	把球击出场上的障碍区
Play-off	加赛
Plugged ball	陷入沙中的球
Point tourney	计分比赛
Pole	旗杆
Pot bunker	壶状沙坑
Practice stroke	击球练习
Private club	私人俱乐部
Pro-Am	职业与业余配对赛
Professional	职业球手
Pronation	正握杆
Provisional ball	临时球,暂定球
Public course	公开开放的球场,收费球场

Pull	从右向左侧击,从左向右击,左飞球
Punch shot	猛击
Push	轻推
Pushed-out shot	外飞球
Putter	轻击棒,轻击者,推杆,推棒
Putting green	球洞区
Putting	轻打入洞,推杆

Q

Qualify round	预赛
Quitting	放弃击球
Quail high	低弹道,距离远的球

R

Rake	沙耙
Range	练习区
Range ball	练习场专用球
Royal and Ancient Golf Club	皇家古代高尔夫俱乐部
Recall	重打
Recover shot	挽回败局的一击,打出障碍
Red tees	女子开球区
Release	下挥杆时手腕的还原动作
Replace	重置球
Reverse overlap grip	反重叠式握杆
Relief	补救
Rhythm	挥杆节奏
Ridge	有洞草坡
Right leg hole	右狗腿洞
Roll over	击球后手臂转动
Rookie	新球手,新加入职业高尔夫巡回赛的球手
Rough	粗草区,长草区

Round	轮,回合,场
Rub of the green	球触及障碍物偏向滚转
Rubber tee	橡皮球座
Rubber-core ball	橡胶心球
Rules of golf	高尔夫规则
Run up	击低近球
Run	滚动
Run-up shot	低滚球

S

Swing	挥杆
Sand green	沙地球场
Sand tee	沙土球座
Sand trap	沙坑类的障碍物,沙土障碍
Sand wedge	沙坑挖起杆,沙土障碍球杆,沙坑铁杆
Sand-blaster	沙土障碍
Scare	杆头
Scissors action	剪式击球法
Scratch player	差点为零的球手
Scoop	铲击球
Score cards	计分卡
Scotch four	双打比赛
Scratch player	不需让分的球手
Scratch	平打,未让杆
Scruff	擦过草地
Seaside course	海滨球场
Selective drive	选择性击球
Seven iron	7 号铁杆
Shaft	杆身
Shank	杆击球
Short cut	捷径

Short game	击近球技术
Short hole	短距离球洞
Short iron	短铁杆,铁头短杆
Short	球未打远,球停在洞前
Shot	击球
Shut face	杆头底部朝地
Side hill lie	停在球洞侧坡上的球
Side spin	侧旋球
Single player	让十杆内的球手
Single	单差点
Sink	击球入洞
Six iron	6 号铁杆
Skins	逐洞夺奖赛
Sky	高飞球
Slice spinning	右曲线击球
Slice	右曲线球
Slow back	向后慢挥球杆
Small size	小号球
Smoke ball	彩球
Socket	球杆后部击球
Sole	杆头底部
Spectacle bunker	最难过的障碍
Splash shot	溅击
Spoon	3 号木杆旧称
Square	平分
Square stance	侧立击球姿势
St. Andrews	圣·安德鲁斯
Starter	发球手
Stance	站位
Start	出发台

Starting order	开球顺序
Stiff	僵硬
Stone-dead	停止不动
Stop	强后旋
Stroke	击球
Stroke competition	击球比赛
Stroke play	击球比赛,总杆赛
Stymie	妨碍球
Swing path	挥杆路径
Sudden death	突然死亡法延长赛
Superintendent	球场总监
Sunday death hole	加赛洞,决胜洞
Sweep	扫击
Sweet spot	甜蜜点
Swing	挥杆
Swing plane	挥杆面
Swing weight	挥杆重量
Swing arc	挥杆弧
Swing exercise	挥杆练习

T

Take back	向后拉杆,开始上挥
Tee	球座或梯台
Tee area	开球区
Tee mark	球座标志
Tee shot	开球
Tee up	放在球座上
Teeing	球座
Temporary green	临时球洞区
Ten-yard line	十码线
Third	第三洞让一击

Three ball match	三球赛
Three more	多三击
Threesome	三人赛，一对二
Three-quarter swing	四分之三向后挥杆
Three-putt	三推击
Through the green	球道区通道
Tie	平手
Tip	球杆杆身最细、插入杆头的部分
Toe	球杆突出部分
Tom Thumb golf	庭园式小型高尔夫球比赛
Tom stone golf	立旗比赛，打远比赛
Top	球杆击到球上部，削顶球
Top heavy	杆头沉
Top of swing	上顶点挥
Top swing	向后挥杆到顶点
Top spin	上旋球
Torsion	扭力
Tour	巡回赛
Trap	沙坑，障碍，沙土障碍
Triple bogey	三柏忌，高于标准杆三杆
Twitch	短推击恐惧症
Two-shotter	两击洞位

U

Uncock	手腕还原
Under average	差数计分
Under club	短球杆
Under clubbing	使用小号球棒
Under handicap	差数加让分数的计分法
Under handicap	差点计分
Under one	总杆数比标准杆少一杆，其余类推

Under par	低于标准杆
Undulation	球道
Unplayable	死球
Up	领先洞数
Up and down	地面的起伏
Up hill lie	球停在上坡路上
Up to go	一种比赛成绩表示法
Upper blow	向上击球
Upright lie	近 90°的杆颈
Upright swing	高挥杆,直举挥杆
Up swing	向后挥杆
USGA	美国高尔夫协会,是 United States Golf Association 的首字母缩写
USPGA	美国职业高尔夫协会,是 United States Professional Golfer's Association 的首字母缩写
U. S. Open	美国公开赛
U. S. Women's Open	美国女子公开赛

V

V shape	V 形握法
Vardon grip	瓦登握杆法
Veil grip	反叠指握杆法
Violent dig	掘出障碍球,掘击
Waggle	准备活动
Water hazard	水障碍区
Wedge	挖起杆,劈起杆
Well out	打得好,打出沙坑的好球
Whipping	缠绕绑法,缠绳
Whippy	软球杆
Wind-up	向上挥杆时身体扭转
Wing lunber	草坪地带两侧障碍
Winning shot	决定胜负的击球

Winter green	冬季场地
Winter rules	冬季规则
Wood	木头球棒木柱,球柱
Wood shot	木头球棒击球
Wooden club	木杆
Woods	木杆
World Cup	世界杯
Wrist shot	腕力击球
Wrong ball	对方的球

Y

Yard	码
Yard post	距离标志
Yardage	码距
Yips	短推击恐惧症

第九章 高尔夫球重大赛事及名人介绍

应知导航

经过几百年的发展,高尔夫球运动现在已经成为一项全球性的体育运动。每年世界上有许多职业和业余、个人和团体的高尔夫球赛,其中最著名的个人赛有男子四大满贯赛和女子五大满贯赛。团体赛事则以男子莱德杯、世界杯、总统杯、沃克杯,女子以柯蒂斯杯和索尔海姆杯最具影响力。国内较有影响力比赛有中国职业高尔夫球联盟杯赛、中国业余高尔夫球巡回赛、汇丰冠军赛、沃尔沃中国公开赛等赛事。在比赛中涌现出许多广为人知、受人尊敬的高尔夫球名人,例如巴比·琼斯、杰克·尼克劳斯、泰格·伍兹、乔丹·斯皮思等,国内则有张连伟、梁文冲、冯珊珊等。

第一节 国际重大高尔夫球赛事

一、国际男子大满贯赛事

国际男子大满贯赛事分别是英国公开赛、美国公开赛、美国职业高尔夫球协会锦标赛和美国名人赛。四大满贯赛是在所有职业比赛中,级别最高、影响力最大、人气最旺的比赛。这四大赛事也是高尔夫美巡赛和欧巡赛的 4 站,是共同承认积分和排名的,连续赢得这 4 项比赛在高尔夫界被称为"大满贯"。

(一)英国公开赛

英国公开赛(图 9-1)的全称是英国公开锦标赛,始于 1860 年,是高尔夫四大满贯中历史最悠久的、最古老的赛事,至今共举办了 144 届,由英国圣·安德鲁斯皇家古老高尔夫俱乐部主办,在每年 7 月的第三个周末举办,它是四大赛事中参赛人数最多的一个。无论在球手心中还是在球迷心中,英国公开赛都有其独特的不可动摇的历史地位。

图 9-1　英国公开赛

（二）美国公开赛

美国高尔夫球公开赛（United States Open Championship，简称 U. S. Open、美国公开赛）（图 9-2）是每年一度的高尔夫球四大满贯赛事之一。由美国高尔夫协会（USGA）主办。美国公开赛并没有固定的比赛场地，而是每年选择美国境内的一个著名球场作为主办地，这是为了避免球手通过研究、熟悉场地而产生不公平的竞争。该赛于每年的 6 月中旬举办，如果没有恶劣天气影响，最后一轮决赛将于父亲节进行。第一届美国高尔夫公开赛于 1895 年 10 月 4 日举办。美国公开赛分 4 天举行，每天打 18 洞，共 72 洞。历届美国公开赛大多由美国总统开球。美国公开赛的特点是高标准的体育道德。1925 年，鲍比·琼斯要求对自己惩罚一杆，当时他是唯一看到自己的球在他准备击球时移动的人，他失掉了本该属于他的冠军。他于 1926 年、1929 年和 1930 年均获得冠军。

图 9-2　美国公开赛

（三）美国职业高尔夫球协会锦标赛（PGA 锦标赛）

PGA 锦标赛（图 9-3）首次在纽约市 Brownxville 的 Siwanoy Country Club 中举行，而第一届的冠军是英国球手 Jim Barnes。自从 1916 年 PGA 锦标赛成立以来，即成为备受重视的世界高尔夫球赛之一。PGA 锦标赛在四大赛中奖金总额排第二位，冠军奖金额仅次于美国名人赛。每年 8 月举行，是四大赛的最后一项。职业高尔夫球协会锦标赛是四大满贯赛事中唯一的仅限职业球手参加的比赛。1916—1957 年采取比洞赛方式，1958 年至今采取比杆赛方式。Walter Hagen 和 Jack Nicklaus 分别赢得 5 次冠军，是此项赛事获胜最多的球手。

图 9-3　PGA 锦标赛

（四）美国名人赛

美国名人赛（图 9-4）是世界男子职业高尔夫四大赛的名人赛。它是四大赛中唯一的纯邀请赛，它并无资格赛，是目前四大赛中总奖金和冠军奖金最高的，每年的冠军都有资格被上一届的冠军披上俱乐部特制的绿夹克，这件绿夹克可以由冠军保存一年，在第二年的赛事举行之前归还给奥古斯塔球场。美国名人赛在每年的 4 月份举行，并且是唯一固定在美国奥古斯塔国家高尔夫球场举行的大赛。第一届美国名人赛是在 1934 年开打，迄今已有 82 年的历史，其间仅有 1943—1945 三年未举办，其余的 78 届皆有冠军产生。美国名人赛获胜最多的球手是 Nicklaus，共 6 次。

图 9-4　美国名人赛

二、国际高尔夫球团体赛事

国际高尔夫球团体赛事主要有莱德杯、世界杯、总统杯、沃克杯、柯蒂斯杯和索尔海姆杯。

（一）莱德杯

莱德杯（图 9-5）是第一大国际高尔夫球赛事，由英国职业高尔夫球协会、欧洲 86A 巡回赛、美国职业高尔夫球协会共同举办的每两年一度的欧洲队对抗美国队的比赛,它没有奖金和积分排名,是世界顶级球手为荣誉而战的比赛。比赛方法有四人二球、四球比洞和单人比洞赛。该比赛早在 1927 年就开始了,如今已走过 89 年的风雨历程,其实在莱德杯真正举办前,已有两场非正式的英美对抗赛。1921 年在 Gleneagles,由队长 J. H. Taylor 所率领的英国队就曾击败阵中有 Walter Hagen 的美国队。

图 9-5　莱德杯

(二)世界杯

高尔夫球世界杯赛(World Cup of Golf)(图 9-6)为世界高尔夫球最高水平的一项赛事,是国际四大赛事中唯一代表国家和地区参赛的男子队际赛。每年举办一届。该赛事创办于 1953 年,其前身为加拿大杯赛(Canada Cup),由加拿大商人约翰·霍普金斯创立的国际高尔夫协会举办。1967 年更名为世界杯,至今已举办了 62 届。每一个参赛国家由两位球手组队参赛,除冠军队可获奖杯外,最低总杆数者也有个人奖项。现在该赛事称为欧米茄观澜湖世界杯(Omega Mission Hills World Cup)。

图 9-6　世界杯

(三)总统杯

总统杯(图 9-7)是除了欧洲球手以外的世界一流球手与美国队的对抗赛,其世界队和美国队的选拔方式与莱德杯相同,该赛事采用比洞赛方式决定胜负。赛制基本模仿莱德杯。总统杯比赛每两年举行一次,第一届比赛是于 1994 年 9 月 16 日至 18 日在 Robert

Trent Jones 高尔夫俱乐部举行的,当时美国队在队长希尔·欧文的带领下以20：12战胜了由大卫·格雷厄姆带队的国际队。总统杯举办地往往选在美国或欧洲以外的其他国家和地区。

图 9-7　总统杯

(四)沃克杯

沃克杯(图 9-8)被称为业余组的"莱德杯",由圣·安德鲁斯皇家古老高尔夫球协会(R&A)和美国高尔夫协会(the United States Golf Association)共同举办。沃克杯是美国与英爱顶级业余球手之间的对抗赛,比赛以前美国总统 George H. W. Bush(老布什)的祖父 George Herbert Walker 的名字命名(爷孙同名)。1920 年,George Herbert Walker 时任 USGA 主席,开始了创立沃克系列赛事。1921 年在皇家利物浦球场举办了一场非正式比赛,1922—1924 年每年举办一届,之后变为每两年举办一届比赛,交替在大西洋两岸举办,第二次世界大战后举办年份变为奇数年。沃克杯采用四人二球赛和个人对抗赛两种比赛形式,这也是莱德杯最初采用的赛制。每队 10 名队员,进行 2 天的比洞赛,共举办 26 场。第一天(周六)上午 4 场四人二球赛,下午 8 场个人对抗赛;第二天(周日)上午 4 场四人二球赛,下午 10 场个人对抗赛。

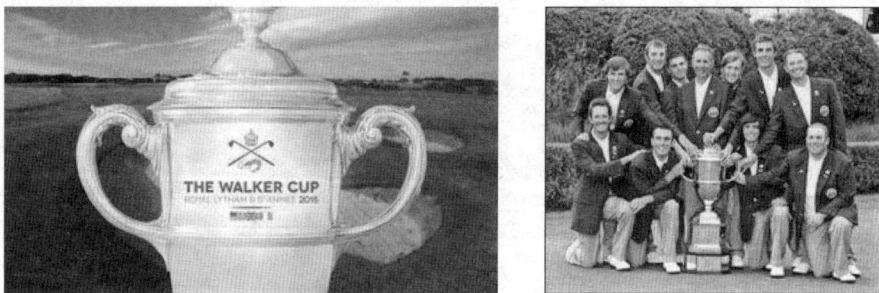

图 9-8　沃克杯

(五)柯蒂斯杯

英美女子业余高尔夫比赛最初是非官方比赛,始于 1905 年。1932 年举行首届官方比赛,柯蒂斯杯(图 9-9)是美国队与英爱联队之间展开的一个女子业余团体赛,每两年举行一次。每支队伍共有 8 名球手参加。1964 年以来,柯蒂斯杯只举行 3 场四人二球赛和 6 场单人对抗赛。从 2008 年开始,柯蒂斯杯进行 3 天的赛事,其中前两天每天将进行 3 场四人二球赛及 3 场四人四球赛,最后一日则是 8 场单人对抗赛。这意味着双方的 8 名成员都将参加单人对抗赛。

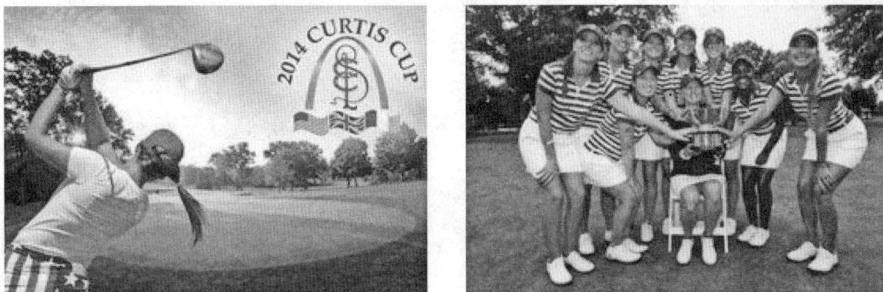

图 9-9　柯蒂斯杯

(六)索尔海姆杯

索尔海姆杯(图 9-10)是两年一度的横渡大西洋的对抗赛,即在美国出身的,由美国女子职业高尔夫协会(LPGA)选出的和在欧洲出身的由欧洲女子职业高尔夫协会(ELPGA)选出的最好球手来对抗的比赛,两个协会各派最优秀的 12 名球手来争夺索尔海姆杯。索尔海姆杯是由 Karsten Manufacturing Corp 所赞助发起的,该公司长期支持女子高尔夫球运动。索尔海姆杯是纪念该公司的创始人 Karsten Solheim 而取名的;于 1990 年开始举行第一届比赛。第一届比赛在佛罗里达州的纳诺湖举行,也称为泛太平洋女子职业队比赛或女子比赛的"莱德杯"。

图 9-10　索尔海姆杯

三、国际女子大满贯赛事

(一)美国女子公开赛

美国高尔夫女子公开赛(图9-11)是美国高尔夫协会(USGA)主办的13个公开赛之一,也是目前女子高尔夫比赛四大满贯比赛之一。LPGA于1950年成立后,立刻就把它作为满贯比赛。在四大女子职业高尔夫球公开赛中,美国高尔夫女子公开赛(U. S. Women's Open Championship)是最具权威、历史最悠久的女子职业球赛。女子公开赛始于1946年,是最难参赛,也是最难取胜的一场大赛。美国女子公开赛对所有职业和业余球手开放。业余球手的USGA差点必须低于4.4,如果没有参赛卡,就必须通过资格赛获得资格。资格赛是36洞比赛。

图9-11　美国女子公开赛

(二)英国女子公开赛

英国女子公开赛(图9-12)(Women's British Open)是一项女子职业高尔夫巡回赛,也是美国女子高尔夫公开赛(LPGA Tour)与欧洲女子职业高尔夫巡回赛(Ladies European Tour)的大满贯层级赛事。理光从2007年开始赞助英国女子公开赛,所以这项赛事也被称为理光英国女子公开赛。1987—2006年则是由Weetabix来赞助。

英国女子公开赛由女子高尔夫球联盟设立于1976年,试图成为女子高尔夫球的英国高尔夫球公开赛。直到2001年,英国女子公开赛才成为美国女子职业高尔夫巡回赛大满贯层级赛事。

图9-12　英国女子公开赛

（三）美国女子职业高尔夫球协会锦标赛（LPGA 锦标赛）

1944 年,由美国著名的业余女球手 Hope Seignious 在父亲的经济支持和当年 Betty Berg 等女子球手的鼓励下,创办了妇女职业高尔夫协会。1950 年,美国高坛的政治纷争使得 WPGA 最终演变转成女子职业高尔夫协会,从此女子职业巡回赛走上正途,第一年巡回赛就举办了 14 场比赛。总部设在德州甜水乡村俱乐部。LPGA 锦标赛（图 9-13）是女子高尔夫中历史第二长的比赛,开始于 1955 年,仅次于美国女子公开赛。它是 LPGA 确认的四大满贯赛事之一,LPGA 锦标赛是一项女子职业高尔夫巡回赛赛事,也是美国女子职业高尔夫巡回赛（LPGA Tour）的大满贯层级赛事,但是欧洲女子职业高尔夫巡回赛（Ladies European Tour）并未将该赛事视为大满贯层级赛事。中国台湾的曾雅妮在 2008 年和 2011 年都获得冠军,2012 年中国的冯珊珊获得冠军。

图 9-13　LPGA 锦标赛

（四）纳比斯科锦标赛

纳比斯科锦标赛（Kraft Nabisco Championship）（图 9-14）是一项女子职业高尔夫球巡回赛赛事,也是美国女子职业高尔夫球巡回赛（LPGA Tour）的四大满贯赛之一。纳比斯科锦标赛创立于 1972 年,后来在 1983 年正式成为女子四大满贯赛之一,每年在美国加利福尼亚州幻象山庄（Rancho Mirage）的米逊丘乡村俱乐部（Mission Hills Country Club）举行。

1988 年的冠军艾蜜·奥尔柯特（Amy Alcott）首度跳进 18 洞附近的池塘,但是当时并未成为纳比斯科锦标赛的传统。直到拿下 1994 年冠军的唐娜·安德鲁丝（Donna Andrews）再度跳进池塘后,这项活动才成为纳比斯科锦标赛的传统。纳比斯科锦标赛史上最著名的一次跳池塘活动是在 1991 年,当年艾蜜·奥尔柯特第 3 度夺得冠军后,与赛事创办人黛娜·修尔（Dinah Shore）一起跳进冠军池。冠军跳进池塘的活动也成为纳比斯科锦标赛的注册商标。

图 9-14　纳比斯科锦标赛

（五）法国依云锦标赛

依云名人赛(图 9-15)是女子欧巡赛的大满贯赛之一,为女子欧巡与 LPGA 共同认证的赛事,与英国女子公开赛的等级旗鼓相当。该项赛事创办于 1994 年,举办地在法国的依云小镇,2013 年升级为 LPGA 世界女子高尔夫第五大满贯赛事,并更名为"依云锦标赛",总奖金提高到 325 万美元,与美国女子公开赛并列女子高尔夫最"富有"的赛事。作为欧洲大陆唯一的职业高尔夫赛事,依云锦标赛已逐渐成为国际高球界不可错过的盛事。

图 9-15　法国依云锦标赛

四、高尔夫球国际赛事

1.美巡赛

美巡赛是 6 个巡回赛中最有影响力的比赛,每年在美国要举行 45 个左右的常规赛,每站比赛的总奖金在 500 万～530 万美元,常规赛奖金排前 125 名的球手才有资格报名参赛。

2.欧巡赛

欧巡赛每年的赛事最多,有 50 多个,总奖金在 100 万～200 万美元,举办地遍布世界各地。

3.日巡赛

日巡赛每年大约有 30 个比赛,每站总奖金在 100 万美元左右,比赛只在本地进行。

南巡赛和澳巡赛规模相对较小,每年各有 10 站左右的比赛,每站比赛的总奖金也不低于 100 万美元。亚巡赛比赛数量更少,但近几年来发展迅速。

第二节　国内知名高尔夫球赛事

一、中国职业高尔夫球联盟杯赛

中国职业高尔夫球联盟杯赛(图 9-16)是我国高尔夫职业赛事第一品牌,始于 2001 年,由国家体育总局小球运动管理中心批准,中国高尔夫球协会(CGA)主办,是一项区域性与国际性相结合的职业高尔夫比赛,也是我国最早的高尔夫职业赛事之一。

图 9-16　中国职业高尔夫球联盟杯赛

二、中国业余高尔夫球巡回赛

中国业余高尔夫球巡回赛(图 9-17)创始于 2001 年,由中国高尔夫球协会主办、中信银行冠名赞助。目前已成为中国级别最高、规模最大、影响最广的赛事。

图 9-17　中国业余高尔夫球巡回赛

191

三、汇丰冠军赛

汇丰冠军赛(图 9-18)诞生于 2005 年,2009 年被升级到世锦赛。2013 年纳入美巡赛,具有联邦杯完全积分,同时奖金计入美巡赛正式奖金榜。该赛事被称为"亚洲高尔夫皇冠上的明珠""冠军中的冠军"赛事。比赛时间为每年的 11 月份,比赛地点在上海佘山国际高尔夫球俱乐部,由国际 PGA 巡回赛联盟(包括 PGA 巡回赛、欧巡赛、亚巡赛、日巡赛、澳大利亚 PGA 巡回赛和南非阳光巡回赛)及中国高尔夫球协会共同认证,球手资格为 80 名左右,由 6 大主要巡回赛和中高协选出的顶尖高尔夫球手参加,包括各大巡回赛奖金榜的领先球手以及其他 3 个世界高尔夫冠军赛的优胜者。

图 9-18 汇丰冠军赛

四、中国高尔夫球巡回赛

中国高尔夫球协会于 2005 年 7 月 5 日正式宣布中国高尔夫球巡回赛(图 9-19)的启动,举办此项高尔夫球职业巡回赛旨在加速为中国培养出国家级的高尔夫球手。"中国高尔夫球运动真正的未来、长远的发展不是靠花巨资邀请世界超级高尔夫球星来中国献技,而是要培养出我们自己的球星。"

图 9-19 中国高尔夫球巡回赛

五、沃尔沃中国公开赛

沃尔沃中国公开赛（Volvo China Open）（图 9-20）创始于 1995 年，系中国历史最长、国际影响力最大、顶级的职业高尔夫球赛。1995 年，首届沃尔沃中国公开赛在北京国际高尔夫俱乐部举行，奖金总额 40 万美元。这是中国大陆举办的第一个以国家命名的 72 洞高尔夫球职业锦标赛，也是中国第一个拥有高额奖金的国际职业高尔夫赛事。2011 年奖金总额达 2000 万元人民币，成为中国奖金最多的高尔夫赛事。1995 年至 2003 年，是沃尔沃中国公开赛的起步阶段，并在亚巡赛找到了立足点，成为亚巡赛最重要的赛事之一。2004 年对于沃尔沃中国公开赛是里程碑的一年，就在这一年沃尔沃中国公开赛加入了欧巡赛，由此提升了赛事在世界范围内影响力，也使这项公开赛提升到更高水平。2009 年沃尔沃中国公开赛成为同一亚洲巡回赛的第一场正式比赛。

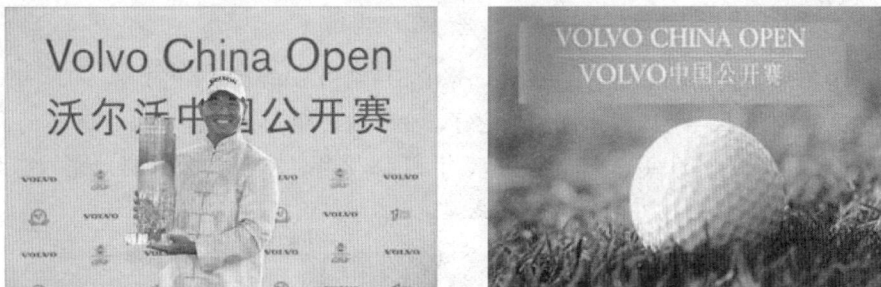

图 9-20　沃尔沃中国公开赛

第三节　高尔夫球名人介绍

一、世界高尔夫球名人介绍

1. 老汤姆·墨利斯（Old Tom Morris 1821—1908 年）（图 9-21）

英国高尔夫球手。他是皇家古代高尔夫俱乐部荣誉职业球手和最知名的 19 世纪高尔夫元老，拥有 1861 年、1862 年、1864 年、1867 年 4 届英国公开赛冠军头衔，1876 年获得世界高尔夫球名人赛冠军。

图 9-21　老汤姆·墨利斯

2.小汤姆·墨利斯（Young Tom Morris 1851—1875 年）(图 9-22)

英国高尔夫球手。老汤姆·墨利斯之子,13 岁时便跟随父亲到苏格兰佩斯的北印区球场参赛,连续获得 1868 年、1869 年、1870 年和 1872 年 4 届英国公开赛冠军,1871 年那一届停赛。1975 年入选世界高尔夫球名人堂。

图 9-22　小汤姆·墨利斯

3.哈利·瓦顿（Harry Vardon 1870—1937 年)(图 9-23)

英国职业高尔夫球手。他是 1896 年、1898 年、1899 年、1903 年、1911 年和 1914 年 6 次英国公开赛冠军,是获胜次数最多的球手;1900 年获得美国公开赛冠军。19 世纪至 20 世初,他和约翰·亨利·泰勒,詹姆斯·布雷德成为公开赛中的"三巨头"。他们三人

共获得 16 个冠军。其中瓦顿的 6 个是保持至今的纪录。他入选 1974 年世界高尔夫球名
人堂。

图 9-23　哈利·瓦顿

4.巴比·琼斯(Bob Jones 1902—1971 年)(图 9-24)

美国高尔夫球手。1923 年获得美国公开赛冠军,成为当代最伟大的高尔夫球手。其
后 8 年,囊括 13 项国际性比赛的冠军。他是第一位完成大满贯的高尔夫球界传奇人物,
在 1930 年获得四大赛(美国公开赛、美国业余赛、英国公开赛、英国业余赛)冠军后宣布
退休,当年他才 28 岁,还是业余球手。退休后建立奥古斯塔球场,该球场自 1934 年以来
即为美国名人赛永久性的比赛场地。

图 9-24　巴比·琼斯

5.阿诺德·帕尔默(Arnold Palmer 1929—)(图 9-25)

美国著名职业高尔夫球手。自 1955 年起,他获得过数十个 PGA 巡回赛冠军。自 20
世纪 50 年代电视体育节目得到普及之后,帕尔默是美国第一位广为人知的体育明星,他
的高超球技和迷人风度吸引了大批球迷,也得到了"国王"这一昵称。同时,在高尔夫球

运动的推广过程中,他与杰克·尼克劳斯(Jack Nicklaus)、加里·普莱尔(Gary Player)并称"高尔夫三巨头"。帕尔默在职业生涯中,共赢得过7次大满贯赛的冠军(唯独没有赢得过PGA锦标赛),1958年、1960年、1962年及1964年的美国名人赛,1960年的美国公开赛和1961年、1962年的英国公开赛。早在1974年帕尔默就被列入世界高尔夫球名人堂,并在1998年荣获PGA巡回赛终身成就奖。帕尔默也是中国第一个高尔夫球场的设计顾问。

图9-25　阿诺德·帕尔默

6.杰克·尼克劳斯(Jack Nicklaus 1940—)(图9-26)

杰克·尼克劳斯是20世纪60年代末70年代初杰出的PGA巡回赛球手,别名金熊。尼克劳斯的高球生涯如日中天,统领整个高尔夫球坛超过四分之一世纪之久。1962年他转为职业球手之后,获得美国公开赛冠军。在巡回赛中,他多次击败众多当红球星,1966年他挑战阿诺德·帕尔默(Arnold Palmer)世界一号球手的地位并获得成功。20世纪60年代他获7次锦标赛冠军(1962年和1967年的美国公开赛、1966年英国公开赛、1963—1964年和1966年名人赛和1963年的PGA赛)和几次加拿大以及世界杯赛(与阿诺德·帕尔默配对)冠军,这使尼克劳斯名扬天下,并赢得了高尔夫球迷的广泛尊敬。1969年,他首次参加莱德杯,他对托尼·杰克林(Tony Jacklin)做出两英尺(约61厘米)推杆的让步,和英国队打成平局(英国队已连续失败5次),向世人表现出他宽宏的气度和高尚的人格。1970年,他获得了英国公开赛冠军,20世纪70年代期间又赢得了8次重要锦标赛的冠军。1980年,他赢得了美国公开赛和PGA锦标赛的冠军,1986年他又赢得了第18个重要锦标赛冠军和第6个名人赛冠军。他是美国名人赛历史上获冠军次数最多的球手,被评为20世纪最佳男高尔夫球手(《美联社》评选)、业内最受尊敬的高尔夫球场设计师。

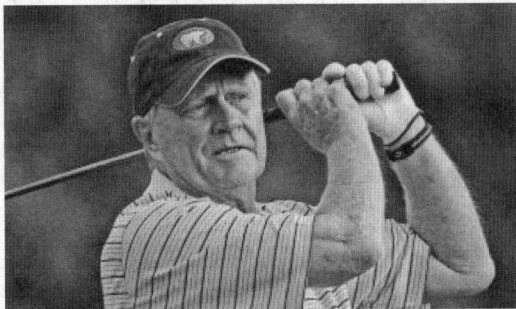

图 9-26　杰克·尼克劳斯

7. 泰格·伍兹(Tiger Woods 1976—)(图 9-27)

美国职业高尔夫球手,多次世界排名首位,并被公认为史上最成功的高尔夫球手之一。因为在英文中他的名字"Tiger"的意思是"虎",所以在中文中经常被称为老虎。1996年8月正式成为职业高尔夫球手,1997年的美国名人赛上,他创造了最年轻冠军、72洞最低杆数、最大获胜杆数,以及第一个赢得大满贯赛的亚非后裔等纪录,标志着世界职业高尔夫球跨进"老虎伍兹时代"。从历史上第一个职业高尔夫黑人球手,到坐上世界排名第一的宝座,泰格·伍兹只用了不到三年的时间,他也成为用最短时间实现高球大满贯的最年轻球手。在八年半的职业生涯当中,伍兹已经夺得了 42 座 PGA 巡回赛冠军奖杯。他一度成为全球身价最高的超级体育明星,由于他的超高人气和统治力促使高尔夫球成为全球化运动。维杰·辛格取代"老虎"成为世界第一后说:"无论谁都替代不了伍兹,是他使高尔夫球第一次成为全球化的运动。"

图 9-27　泰格·伍兹

8. 罗里·麦克罗伊(Rory Mcllroy 1989—)(图 9-28)

罗里·麦克罗伊,出生于北爱尔兰一个家境一般的家庭,高尔夫球手,被人们称为"崩盘王子"。2011年6月20日他荣获美国公开赛的冠军,并创造了该赛事的历史最佳成绩。2014年获英国公开赛冠军。2015年04月21日,世界排名第一位,成为第16个世界第一。2015 年 4 月 26 日,英国星期日泰晤士报体育富豪榜上跻身前十位。2015 年 5 月 WGC 世界高尔夫比洞赛冠军。2015 年 5 月 26 日,获评未来三年世界最畅销运动员。2015 年 5 月 4 日,世界积分排名第一位。2015 年 5 月 18 日,富国银行锦标赛冠军,成为历史上第一个该项赛事两次夺冠的球手。

图 9-28　罗里·麦克罗伊

9. 乔丹·斯皮思(Jordan Spieth 1993—)(图 9-29)

乔丹·斯皮思,1993 年 7 月 27 日出生于加州德克萨斯,美国职业高尔夫球运动员。2012 年 6 月以业余球手的身份参加美国公开赛取得并列第 21 名;12 月正式转为职业球手。2013 年 7 月夺得强鹿精英赛冠军;9 月获得美巡赛最佳新人奖。2014 年 4 月首次参加美国名人赛获得亚军;12 月夺得世界挑战赛冠军。2015 年 4 月,夺得美国名人赛冠军,首次获得大满贯比赛胜利,世界排名上升至第二;6 月夺得美国公开赛冠军,这也是他职业生涯获得的第二座大满贯奖杯,成为近一百年来最年轻的美国公开赛冠军,也成为 2002 后最年轻的在同一年获得名人赛和美国公开赛双料冠军的球手;8 月成为男子高尔夫历史上第 18 位世界第一。2015 年 9 月 28 日在巡回锦标赛夺得冠军,捧走 1000 万美元的奖金,成为史上最年轻的联邦快递杯总冠军。如今,斯皮思已经创造了巡回锦标赛与联邦快递杯系列赛双赛史上的最年轻冠军纪录,他也成为 1929 年以来,单季五冠的最年轻球手,而且,他还成为高尔夫历史上第一个"2200 万美元先生"。

图 9-29　乔丹·斯皮思

二、中国优秀高尔夫球手介绍

1. 张连伟

张连伟(图 9-30),中国高尔夫球手。男,1965 年 5 月 2 日出生于广东。1994 年底,通过了职业高尔夫球手的达标赛,成为中国首批职业高尔夫球手之一,1994 年代表中国在广岛亚运会上夺得个人亚军。2010 年 2 月,张连伟受聘为中国高尔夫协会委员,也是国内第一位球手成为中高协的委员。他是一个中国职业高尔夫球运动的传奇人物,一个闪亮在亚洲乃至世界高尔夫球坛的中国名字;他代表着中国高尔夫年轻的历史和骄傲的成就,是新一代球手们追随的榜样。职业生涯中他共夺得亚巡赛 5 次冠军,中巡赛 5 站冠军,沃尔沃公开赛 1 次冠军,沃尔沃名人赛 4 站冠军,以及 2000 年的 Heritage 精英赛和 2003 年的新加坡名人赛(欧巡赛)的冠军。

图 9-30　张连伟

2. 梁文冲

梁文冲(图 9-31),1978 年 8 月 2 日出生于广州,高尔夫球手。是大卫杜夫巡回赛上广受瞩目的亚洲新星之一。2008 年英国公开赛晋级,是中国大陆第一位在大满贯赛事中晋级的球手,2010 年 PGA 锦标赛第八,是中国大陆唯一在大满贯赛事中进入前十的球手,2013 年 7 月,成为 R&A 全球大使。曾获得 2007 年新加坡名人赛冠军,2010 年泰国公开赛冠军,2012 南山中国名人赛冠军,以及 2013 马尼拉名人赛冠军。

图 9-31　梁文冲

3.吴阿顺

吴阿顺(图 9-32),1985 年 6 月 22 日出生于福建漳州,中国知名高尔夫球手。2005 年获得中国业余巡回赛上海站冠军、香港公众球场国际公开赛冠军。2006 年获得中国业余巡回赛中山长江站冠军。2015 年,深圳国际赛中获得中国排名第三。第 21 届沃尔沃中国公开赛冠军。2015 年 5 月 18 日,当选为 4 月份欧巡赛最佳球手。

图 9-32　吴阿顺

4.李昊桐

李昊桐(图 9-33),1995 年 8 月 3 日出生,湖南籍高尔夫球运动员,中国国家队队员。2013 年 6 月正式签约国际体育品牌 NIKE。2015 深圳国际赛的延长赛亚军。2015 年 4 月 21 日,李昊桐获得了两年内最大一笔世界积分:14.40 分,成为中国排名第一。2015 年 5 月 4 日,世界排名第 113 位。2015 年 5 月 26 日,世界排名第 121 位,中国排名第一位。2015 年 11 月 8 日,在世锦赛—汇丰冠军赛上,20 岁的李昊桐发挥出色,以总杆数 273

杆(低于标准杆 15 杆)的成绩完成了比赛,与世界排名第二的乔丹·斯皮思并列第七,取得中国球手在世锦赛上的最好成绩。

图 9-33　李昊桐

5.关天朗

关天朗(图 9-34),1998 年 10 月 25 日出生于中国广东广州,高尔夫球运动员。2011年第 24 届中国高尔夫球业余公开赛冠军。2012 年 11 月在亚太业余高尔夫球锦标赛上夺冠,获得 2013 年度美国高尔夫球名人赛的参赛资格。2013 年 4 月 11 日至 14 日,他在美国佐治亚州奥古斯塔国家高尔夫俱乐部举行的第 77 届美国名人赛(2013 Masters Tournament)上创下纪录,成为参加这项赛事最年轻的球手,当时他年仅 14 岁,同时他也是首位来自中国内地的晋级球手。关天朗最终排名并列第 55 位。

图 9-34　关天朗

6.冯珊珊

冯珊珊(图 9-35),女,1989 年 8 月 5 日出生于广东广州,高尔夫球运动员,曾夺得第 3届中国体育大会高尔夫球个人、团体冠军。2012 年 6 月 11 日,冯珊珊成为女子职业高尔夫球史上第一位夺得四大满贯赛(LPGA 锦标赛)冠军的中国高尔夫球协会注册球手。

2013年10月6日,获得 LPGA 中国精英赛冠军,成为第一个在中国本土夺得 LPGA 冠军的中国运动员。2013年11月24日,获得美国女子职业高尔夫球巡回赛 CME 冠军赛冠军。2015年5月10日,获得别克锦标赛冠军。2015年5月19日,世界排名第五位,中国排名第一位。

图 9-35　冯珊珊

7. 曾雅妮

曾雅妮(图9-36),中国台湾女子职业高尔夫球手,也是华人之中第一个赢得高尔夫大满贯赛的球手,2008年夺得 LPGA 锦标赛冠军。2011年6月27日,在女子高尔夫大满贯赛 LPGA 锦标赛中,曾雅妮以10杆的巨大优势夺冠,捧起个人第四个大满贯奖杯。22岁的她成为高尔夫历史上收获4个大满贯奖杯的最年轻球手,打破老虎伍兹24岁时创下的纪录。2011年7月31日,曾雅妮成功卫冕英国女子公开赛冠军。以22岁6个月的年龄成为高尔夫历史上获得5个大满贯最年轻的球手(包括男子球手)。她是历史上第三位蝉联英国女子公开赛冠军的运动员。2015年3月1日,夺得美国 LPGA 巡回赛亚军。

图 9-36　曾雅妮

知识拓展

世界高尔夫名人堂

世界高尔夫名人堂坐落在佛罗里达州圣奥古斯丁的"世界高尔夫村"内,是美国职业高尔夫球手协会巡回赛机构(PGA Tour)建设的一个特殊的纪念馆,用来表彰纪念那些对世界高尔夫球运动发展有着杰出贡献的人士,以激励世界各地的高尔夫球手和爱好者。著名球星加利·皮亚被邀请作为名人堂的"全球高尔夫大使"。1998年以前,名人堂一直安排在美国北卡罗来纳州的松林高尔夫球场(Pinehurst Golf Course)内。1998年,美国PGA巡回赛机构在杰克逊维尔去往奥兰多的高速公路旁建设了一座永久式的纪念馆建筑,之后,世界高尔夫名人堂就搬到了这里。从高速公路上能够遥望到名人堂建筑拔地而起110英尺(约33米)高的奖杯塔。名人堂主体建筑为两层高,单层面积估计有3000平方米左右。通往名人堂主体建筑的人行步道用灰色的砖头铺砌而成,上面雕刻着世界上著名高尔夫人士的名字。

名人堂内有两个核心部分和一个特别部分,第一个核心是位于二楼的"壳牌"厅(Shell Room),第二个就是奖杯塔。在"壳牌"厅内其中一面墙上整齐地排列着刻有名人堂成员姓名的铜匾,目前一共126人;奖杯塔三层楼的楼顶悬吊着刻有这126人名字的水晶条,排列成螺旋式上升方式,上方的屋顶开了一个天窗,灿烂的阳光可以照耀水晶条上这些杰出的高尔夫人士的光辉人生,他们的名字穿越了时空,成为其他人学习、模仿的榜样。

特别部分就是位于二楼的一间"名人更衣柜展览室"。所有入堂的名人在此都有一个属于自己的更衣柜,大部分名人把自己曾经用过的球包或其他物品(有鞋、球、手套、球座等等)放在柜子里,比如尼克劳斯、帕尔默、皮特·戴伊、加利·皮亚、尼克·佛度等等。对那些早已作古的名人(如阿里斯特·麦肯兹、唐纳德·罗斯等等),名人堂的工作人员就去联系他们的后人,取得一些他们曾使用过的物件拿回来摆放在这里。

高尔夫名人堂入选条件:

名人堂分为五类:美巡赛/冠军巡回赛,女子巡回赛,国际球手,终身成就和退休名人。

美巡赛/冠军巡回赛条件:

美巡赛:至少40岁;成为PGA巡回赛球手或会员十年;获得十场PGA巡回赛冠军或两场四大赛冠军。

冠军巡回赛球手或会员至少5年;在PGA和元老级PGA巡回赛拿下冠军至少20

场等。

投票:1996—2000 年,75%;2001—2003 年,65%;2004 年至今,65%。如没有人达到,最高票获选(至少 50%)。

女子巡回赛条件:成为 LPGA 会员 10 年。至少赢一次大满贯比赛,或者应当选 Vare 杯或年度球手称号。至少获得 27 点。每赢一次比赛算 1 点,大满贯算 2 点,Vare 杯算 1 点,年度球手 1 点。

国际球手:至少 40 岁,至少 50 点。

男球手:大满贯 6 点;球手锦标赛 4 点;美巡赛、欧巡赛 3 点;日巡赛、澳大利亚巡回赛等 2 点;其他国际比赛 1 点。

女球手:大满贯 6 点;2001 年前的 LPGA 比赛、英国公开赛 4 点;日巡赛、欧巡赛 2 点;其他国际比赛 1 点。投票要求同男球手一样。

终身成就奖:授予那些为高尔夫球运动做出突出贡献的人,由理事会选举。

退休名人:给予职业或业余球手,至少从事这项运动 30 年,并有不同凡响的贡献。

名人堂到 2012 年共有 141 人。

学以致用

1.高尔夫重要赛事有哪些?它的举办时间和地点是什么?
2.请列举你所了解的国外和国内的高尔夫球名人。

第十章　大学生体质健康标准测试及锻炼方法

　　国民的体质与健康是社会生产力的组成要素,也是关系到一个民族的强盛与国力兴衰的大事。大学生肩负着祖国建设的重任,应当了解自身的体质健康状况,进行科学的锻炼,不断提高体质与健康水平。

　　《国家学生体质健康标准》(2014年修订,以下简称《标准》)的制定与实施,就是落实《国家中长期教育改革和发展规划纲要(2010—2020年)》,落实"健康第一"指导思想的具体措施。《标准》作为促进学生体质健康发展、激励学生积极进行身体锻炼的教育手段,是学生体质健康的个体评价标准,也是学生毕业的基本条件之一。因此,每年一次的《国家学生体质健康标准》测试,可以让学生清楚地了解自己的体质与健康状况,帮助学生监测一年来体质与健康状况发生变化及变化的过程,检查评定增强体质的效果,分析影响体质强弱的因素,从而采取相应的措施,促进学生积极参加体育锻炼,养成良好的锻炼习惯,切实提高学生的体质和健康水平。

第一节　《国家学生体质健康标准》测试项目与评价指标

一、体质

　　体质(Physical Constitution)即人体质量,是指人体在先天的遗传性与后天获得性的基础上所表现出来的形态结构、生理机能、心理因素、身体素质、运动能力等方面综合的相对稳定的特征。遗传是人的体质发展变化的先天条件,对体质的强弱有重大影响,但体质的强弱还取决于后天的环境、营养、保健、运动锻炼等多种因素。体质的形成、发展和衰竭过程具有明显的个体差异和年龄特征。物质生活条件是决定体质强弱的基本条件,而运动锻炼则是增强体质、增进健康的最积极最有效的手段。

　　体质的范畴主要包括以下五个方面:

　　1.身体形态发育水平。即体型、姿势、营养状况、体格及身体成分等。

　　2.生理机能水平。即机体新陈代谢水平以及各器官系统的工作能力。

　　3.身体素质和运动能力发展水平。即心肺耐力、柔韧性、肌肉力量和耐力、速度、爆发力、平衡、灵敏、协调、反应等身体素质及走、跑、跳、投、攀、爬等身体活动能力。

4.心理发育(或心理发展)水平。即机体感知能力、个性、意志等。

5.适应能力。即对内、外环境条件的适应能力,应急能力和对疾病的抵抗力。

这五个方面的综合状况是否处在相对稳定的状态,决定着人们的不同体质水平。

二、《国家学生体质健康标准》的测试项目

根据 2014 年修订版《标准》,大学生需要进行体质健康测试的项目共七项:身高体重;肺活量;50 米跑;坐位体前屈;立定跳远;引体向上(男)/1 分钟仰卧起坐(女);1000 米跑(男)/800 米跑(女)。

三、《国家学生体质健康标准》评价指标与权重

《标准》评价指标与权重见表 10-1。

表 10-1　《国家学生体质健康标准》评价指标与权重

测试对象	单项指标	权重(%)
全日制学生	体重指数(BMI)	15
	肺活量	15
	50 米跑	20
	坐位体前屈	10
	立定跳远	10
	引体向上(男)/1 分钟仰卧起坐(女)	10
	1000 米跑(男)/800 米跑(女)	20

注:体重指数(BMI)=体重(千克)/身高^2(米^2)

第二节　《国家学生体质健康标准》测试的操作方法

在实施《标准》的过程中,掌握各项目正确的测试方法是所有测评人员、学生需要了解的内容。测试工作必然和所使用的测试仪器有一定的关系,现在测试仪器多种多样,有全手工操作的,也有电子仪器。手工操作与电子仪器的操作流程不完全相同。如使用带有 IC 卡的测试仪器就可以减少测试人员的记录和计算工作。但无论使用何种仪器,对测试人员的基本操作要求是一致的,对于不同的测试仪器,可参考相应测试仪器的说明书。

一、身高体重

1.测试目的

测试学生的身高体重,评定学生的身体匀称度,评价学生生长发育的水平及营养状况。

2.测试方法

测试时,受试者赤足,立正姿势站在身高体重计的底板上(上肢自然下垂,足跟并拢,足尖分开约呈60°)。如图10-1、图10-2所示,足跟、骶骨部及两肩胛区与立柱相接触,躯干自然挺直,头部正直,耳屏上缘与眼眶下缘呈水平位,站稳后屏息不动,水平压板自动轻轻沿立柱下滑,轻压于受试者头顶。

图 10-1 身高体重正面   图 10-2 身高体重侧面

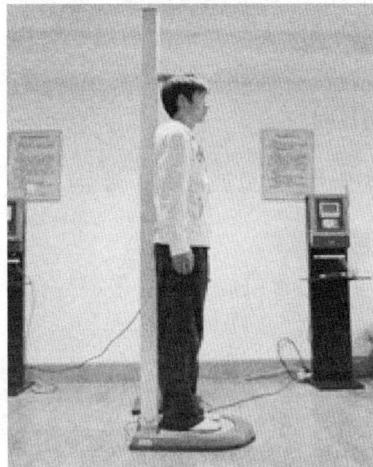

3.注意事项

(1)测量计应选择平坦靠墙的地方放置,立柱的刻度尺应面向光源。

(2)受试者在测试时保持直立姿势,足跟、骶骨、肩胛骨贴近立柱,耳屏上缘与眼眶下缘呈水平位。

(3)受试者在测试时需站在底座踏板中央,上下踏板动作要轻,保持身体姿势稳定。

(4)受试者在进行身高体重测试前,应避免进行剧烈体育活动和体力劳动。

二、肺活量

1.测试目的

测试学生的肺通气功能。

2.测试方法

在通风良好房间,使用干燥的一次性吹嘴(非一次性吹嘴则每换测试对象需消毒一次)。受试者进行一两次较平日深一些的呼吸动作后,更深地吸一口气,然后屏住气向吹嘴处并以中等速度和力度慢慢呼出至不能再呼为止,测试中不得中途二次吸气。液晶屏上最终显示的数字即肺活量毫升值。每位受试者测三次,每次间隔 15 秒,记录三次数值,测试仪器自动选取最大值作为测试结果。

3.注意事项

(1)测试时呼气动作只能一次性完成,不得中途二次吹气。

(2)吸气时不得将口对着吹嘴,呼气时不得用手堵住吹筒出气孔。

(3)电子肺活量计的计量部位的通畅和干燥是仪器准确的关键,手持外设施,请将电池仓与液晶屏朝上,防止水汽回流。

(4)每测试 100 人及测试完毕后及时用干棉球清理和擦干气筒内部,严禁用水、酒精等任何液体冲洗气筒内部。

(5)定期校对仪器。

三、800 米跑(女)或 1000 米跑(男)

1.测试目的

测试学生耐力素质的发展水平,特别是心血管呼吸系统的机能及肌肉耐力。

2.测试方法

受试者站立式起跑,手戴外设腕表,听到"预备、跑"指令声后,即可开始起跑,冲过终点线,受试者躯干部到达终点线的垂直面时,则测试结束。

3.注意事项

(1)测试时应注意液晶腕表报告的剩余圈数,以免跑错距离。

(2)跑完后应保持站立并缓慢走动,不要立即坐下,以免发生意外。远离终点线 5 米以外,不得立即返回到主机附近。

(3)不得穿皮鞋、塑胶凉鞋、钉鞋参加测试。

四、立 定 跳 远

1.测试目的

测试学生下肢爆发力及身体协调能力的发展水平。

2.测试方法

受试者两脚自然分开站立,站在起跳线后,脚尖不得踩线,听到开始测试指令,即可开始起跳,不得有垫步或连跳动作,从起跳区进入测量区后,向前走出跳毯,完成测试。每人试跳三次,记录其中成绩最好的一次。

3.注意事项

(1)起跳时,脚尖不得踩线,若听到犯规提示"滴滴"声,应在脚不离开跳毯情况下往后挪动,直至听不到蜂鸣声即可。

(2)两脚原地同时起跳,不得有垫步或连跳动作,落地后向前或侧面离开跳毯方可进行下次测试。

(3)可以赤足,但不得穿钉鞋、皮鞋、塑胶凉鞋参与测试。

五、50米跑

1.测试目的

测试学生速度、灵敏素质及神经系统灵活性的发展水平。

2.测试方法

受试者至少两人一组测试。站立起跑,受试者听到"跑"的口令后开始起跑,发令员在发出口令同时要摆动发令旗,计时员视旗动开表计时,受试者躯干部到达终点线的垂直面停表。以秒为单位记录测试成绩,精确到小数点后一位,小数点后第二位数按非零进一原则进位,如10.11秒读成10.2秒记录。

3.注意事项

(1)受试者测试最好穿运动鞋或平底布鞋,赤足亦可。但不得穿钉鞋、皮鞋、塑胶凉鞋。

(2)发现有抢跑者,要当即召回重跑。

(3)如遇风时一律顺风跑。

六、坐位体前屈

1.测试目的

测量学生在静止状态下的躯干、腰、髋等关节可能达到的活动幅度,主要反映这些部位的关节、韧带和肌肉的伸展性和弹性及学生身体柔韧素质的发展水平。

2.测试方法

如图10-3所示,受试者坐在仪器上两腿伸直,两脚平蹬测试纵板,两脚分开10~15厘米,上体前屈,两臂伸直向前,用两手中指尖逐渐向前推动游标,直到不能前推为止。测试计的脚蹬纵板内沿平面为0点,向后为负值,向前为正值。测试两次,取最好成绩。

3.注意事项

(1)身体前屈,两臂向前推游标时两腿不能弯曲。

(2)受试者应匀速向前推动游标,不得突然发力。

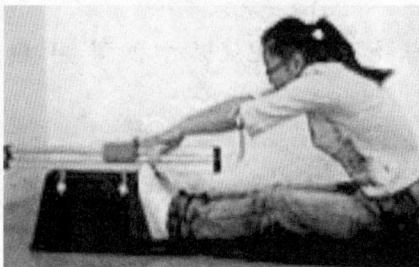

图 10-3　坐位体前屈

七、仰卧起坐

1. 测试目的

测试学生的腹肌耐力。

2. 测试方法

如图 10-4 所示,受试者仰卧于垫上,两腿稍分开,屈膝呈 90°左右,两手指交叉贴于脑后。另一同伴压住其踝关节,以固定下肢。如图 10-5 所示,受试者坐起时两肘触及或超过双膝为完成一次。仰卧时两肩胛必须触垫。测试人员发出"开始"口令的同时开表计时,记录 1 分钟内完成次数。1 分钟到时,受试者虽已坐起但肘关节未达到双膝者不计该次数。

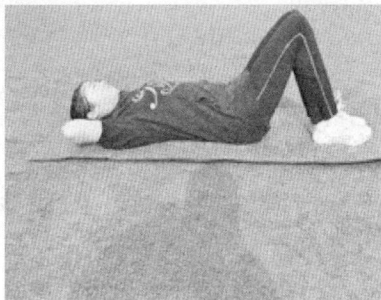

图 10-4　仰卧起坐预备

图 10-5　仰卧起坐坐起

3. 注意事项

(1)如发现受试者借用肘部撑垫或臀部起落的力量起坐时,该次不计数。

(2)测试过程中,观测人员应向受试者报数。

八、引体向上

1. 测试目的

测试学生的上肢肌肉力量的发展水平。

2. 测试方法

如图 10-6 所示,受试者跳起双手正握杠,两手稍宽于肩成直臂悬垂。如图 10-7 所示,静止后,两臂同时用力引体(身体不能有附加动作),上拉到下颌超过横杠上缘为完成一次。

图 10-6　引体向上预备　　　　　　　图 10-7　引体向上

3. 注意事项

(1)受试者应双手正握单杠,向上引体,吸气,注意抬头挺胸,上体尽量后仰,两肘外展,肩部放松,背部肌肉收紧,将身体向上拉引,下颌超越横杠。

(2)引体向上时,身体不得做大的摆动,也不得借助其他附加动作撑起。

(3)两次引体向上的间隔时间超过 10 秒则停止测试。

第三节　《国家学生体质健康标准》主要测试项目锻炼方法

一、50 米跑

(一)技术要领

1. 起跑:50 米一般采用站立式起跑,双脚一前一后站立,双腿屈膝,后腿大约曲 120°,

两臂一前一后自然曲臂准备,弯腰重心前倾,两眼看前下方5~6米处,注意力集中到耳部听发令。

2.加速跑:起跑后保持重心前倾加速,尽量晚抬头晚抬体,避免因抬头而引起抬体过快过早增大阻力。

3.途中跑:途中跑任务是继续发挥和保持高速跑,在途中跑过程中,要求大腿迅速前摆,步幅大,两臂协调配合,加大腿前摆幅度和速度,两腿快速交换步频,上下肢协调配合,才能取得良好效果。

4.冲刺跑:要求尽量保持步频、步幅,身体前倾,冲刺。

图 10-8　50 米跑

(二)锻炼手段

1.技术练习:高抬腿、后蹬跑、起跑练习、摆臂练习、摆腿练习、冲刺跑。

2.爆发力的提高可采用超等长收缩和跳跃练习,例如跳深、障碍跳、跨步跳、单足跳等。

3.速度练习:行进间的冲刺跑——例如20米加速+20米冲刺跑、快速高抬腿接加速跑、30~50米加速跑。

4.力量练习:深蹲、半蹲、后抛、抓举、提踵等。

(三)锻炼方法

1.20~40米行进间快跑练习;

2.4×(50~250)米接力跑、加速跑、追赶跑练习;

3.短距离组合跑(20米+40米+60米+80米+100米)×(2~3)组或(30米+60米+100米+60米+30米)×(2~3)组;

4.短距离变速跑100~150米(30米快跑+20米惯性跑+30米快跑+20米惯性跑),3次×(2~3)组;

5.反复跑300~600米,(4~5)次×(2~3)组;

6.小步跑转入加速跑,50~60米;

7.高抬腿跑转入快速跑,50~60米;

8.后蹬跑转入快速跑,50~60米。

二、立定跳远

（一）技术要领

1.预摆：两脚左右开立，与肩同宽，两臂前后摆动，前摆时，两腿伸直，后摆时，屈膝降低重心，上体稍前倾，手尽量往后摆。要点：上下肢动作协调配合，摆动时一伸二屈降重心，上体稍前倾。

图 10-9　立定跳远

2.起跳腾空：两脚快速用力蹬地，同时两臂稍曲由后往前上方摆动，向前上方跳起腾空，并充分展体。要点：蹬地快速有力，腿蹬和手摆要协调，空中展体要充分，强调离地前的前脚掌瞬间蹬地动作。

3.落地缓冲：收腹举腿，小腿往前伸，同时双臂用力往后摆动，并屈膝落地缓冲。要点：小腿前伸的时机把握好，屈腿前伸臂后摆，落地后往前不往后。

（二）锻炼手段

1.力量练习

肩部肌群：俯卧撑、仰卧飞鸟、俯卧飞鸟、侧平举、颈后上举。

腹部肌群：仰卧起坐、仰卧举腿。

背部肌群：俯卧背屈、跳箱俯卧举腿、体前屈背起。

臀肌：深蹲、单腿跪举腿。

股四头肌：半蹲、浅蹲、弓步跳、跳箱跳。

小腿三头肌：提踵（单脚和双脚）、原地纵跳。

2.综合练习

（1）多级蛙跳：屈膝半蹲，上体稍前倾，双脚同时用力蹬地，充分伸直髋、膝、踝三关节，两臂同时迅速上摆。身体向前跃出，双腿屈膝落地缓冲后再接着向前跳。

（2）深蹲跳：全蹲下去，双脚同时用力向上跳起，并连续做。

（3）单脚跳：用左脚连续向上或向前跳一定的次数，再换右脚做连续跳。

（4）多级跨步跳：连续以最少的步数，跨出最远的距离。

（5）跳台阶：原地双脚起跳，跃上台阶或其他物体，然后再跳下，反复进行。

（三）锻炼方法

1.挺身跳：原地屈膝开始跳，空中做直腿挺身动作，髋关节完全打开，做出背弓动作，落地时屈膝缓冲。

2.单足跳前进练习：一般采用左（右）去右（左）回的方法进行练习，距离控制在 25～30 米，完成 3～4 组。

3.收腹跳练习：从原地直立开始起跳，空中做屈腿抱膝动作或双手在腿前击掌，落地时一定要屈膝缓冲。越过一定高度兼远度，或一定远度兼高度。

（四）错误动作纠正

1.预摆不协调。

解决办法：反复做前摆直腿后摆屈膝的动作，由慢到快。

2.上体前倾过多，膝关节不屈，重心降不下去，形成鞠躬动作。

解决办法：做屈膝动作，眼睛往下看，垂直视线不超过脚尖，熟练后就可不用眼睛看了。

3.腾空过高或过低。

解决办法：利用一定高度或一定远度的标志线来纠正这类错误效果很好。

4.收腿过慢或不充分。

解决办法：反复做收腹跳的练习，注意要大腿往胸部靠而不是小腿往臀部靠，动作要及时。

5.落地不稳，双腿落地区域有较大的差异。

解决办法：多做近距离的起跳落地动作，手臂的摆动要协调配合。地面设置标志物，双脚主动有意识地踩踏标志物。

三、坐位体前屈

（一）技术要领

1.测试前，受试者应在平地上做好准备活动，以防拉伤。

2.受试者坐在测试板上，两腿伸直，不可弯曲，脚跟并拢，脚尖分开 10～15 厘米，踩在测量计垂直平板上，两手并拢。

3.两臂和手伸直，渐渐使上体前屈，用两手中指尖轻轻推动标尺上的游标前滑（不得有突然前伸动作），直到不能继续前伸时为止。

（二）锻炼手段

1.静态拉伸：需要拉伸的肌肉被缓慢地拉长并保持在一个舒服的范围 10～30 秒，这里舒服的范围指肌肉被拉长但没有感觉到疼痛的那个位置，也就是说要做到无痛拉伸。当拉伸保持一段时间后，肌肉被拉伸的感觉减少，就可以轻柔地移向更远的位置并保持住。提高柔韧性最佳的静态拉伸时间是 30 秒。

图 10-10　坐位体前屈一

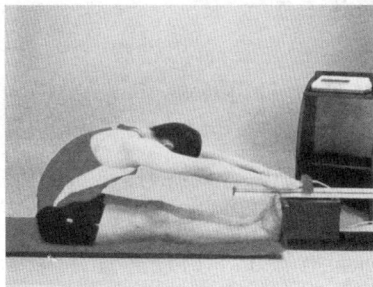

图 10-11　坐位体前屈二

2.被动拉伸:指拉伸者在外力的帮助下完成的拉伸,可以是弹性拉伸,也可以是静态拉伸。被动拉伸时,拉伸者要尽量放松,由外力移动被拉伸的肢体,以获得新的关节活动度(图 10-12)。

(三)锻炼方法

1.可以采用各种拉伸将坐位体前屈分解为以下部分进行拉伸:大腿后部肌群—直膝压腿、屈膝(略屈)压腿;脊柱上部周围肌群——手握单杆静力下垂、手握肋木侧向拉伸;脊柱中下部——采用坐姿两腿屈膝分开前压;臀肌——屈膝(全屈)压腿;小腿后部肌群——弓步前压、扶墙单腿前压。

2.坐位体前屈拉伸采用静态拉伸比较好,时间为10～30秒。

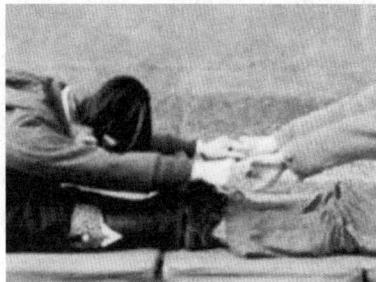

图 10-12　被动拉伸

(四)锻炼中应注意事项

经过热身活动使肌肉温度升高,拉伸会更有效,所以在测试前的准备活动 10～15 分钟,然后进行 2～3 次静力拉伸,每次时间为10～30秒。

四、1 分钟仰卧起坐

(一)技术要领

身体平躺仰卧于垫上,双肩胛骨着垫平躺,两腿屈膝,腹部与大腿呈 90°,大腿与小腿呈 90°,两手手指交叉贴于脑后,臀部不能离垫面,由同伴压住脚面。用收腹屈背、双臂屈肘前摆内收、低头含胸的力量起坐,动作协调一致,双肘触及两膝,然后后仰还原成预备姿势(图 10-13、图 10-14)。

（二）锻炼手段

1. 腹部：仰卧卷腹、静力卷腹。

2. 屈髋肌肉：仰卧举腿、肋木举腿（直腿或屈腿）、站立屈腿举。

3. 仰卧起坐最大力量练习：负重仰卧起坐、静力两头起。

4. 仰卧起坐耐力：相对慢速重复多次、多组相对快速的计时或计次并控制组间休息时间。

（三）锻炼方法

1. 通过分别锻炼腹部和髋部提高躯干屈肌和屈髋肌力量，10～30 次，2～4 组。

2. 负重仰卧起坐，以 70%～90% 强度，6～8 次，3～5 组。

3. 相对慢速仰卧起坐来锻炼肌肉有氧能力，10～30 次，2～4组。

4. 控制组间间歇的快速仰卧起坐，可采用计时与计次两种方式。计时 10～30 秒，2～4 组，间歇 2～4 分钟。计次 10～30 次，2～4组，间歇 2～4 分钟。

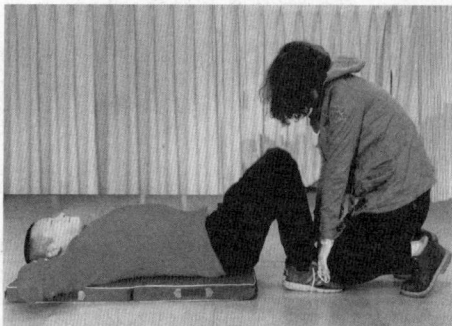

图 10-13　仰卧起坐一

图 10-14　仰卧起坐二

（四）锻炼中应注意事项

虽然仰卧起坐是比较安全的测试方法，但在测试时还有两点需要注意：

1. 在抬起上体的过程中尽量避免颈部过分紧张，要有意识地用腹部肌肉群完成动作；

2. 避免头部在完成动作过程中摆动幅度过大。

五、引体向上

（一）技术要领

双手正握单杠，握距要宽，两脚离地，两臂身体自然下垂伸直。向上引体，吸气，注意抬头挺胸，上体尽量后仰，两肘外展，肩部放松，背部肌肉收紧，将身体向上拉引，下颌超越横杠。然后逐渐放松背阔肌，让身体徐徐下降，回复直到完全下垂，重复。

（二）锻炼手段

1. 屈肘肌群：直立哑铃弯举、单手哑铃弯举等。

2. 上臂屈肌：俯卧飞鸟，使用橡皮带的直臂下拉等。

3. 模拟引体向上练习：可采用有帮助情况下的引体向上、低杠引体向上、以橡皮带为阻力的下拉(就是双脚不离地,以引体向上动作下拉)等。

(三)锻炼方法

1.对单个关节有针对性地进行力量练习。

(1)增加最大力量。练习方法有增大肌肉生理横断面和改善肌肉协调能力两种,前者采用最大负重60%~85%的强度,重复4~8次,做5~8组;后者采用最大负重85%以上的强度,重复1~3次,做5~8组。

(2)增加肌肉耐力,练习方法有大强度间歇循环和低强度间歇循环两种,前者采用最大负重50%~80%的强度,重复10~30次,休息间歇时间为练习时间的2~3倍;后者采用最大负重30%~50%的强度,重复30次以上,甚至最高重复次数。

2.模拟引体向上练习。动作接近专项动作,可以同时锻炼肩、肘两个关节肌肉力量与协调性,应在单个关节力量练习后做。

3.完整引体向上可采用分组练习方法来增加练习总次数,例如可以将该人最大完成次数除以二为每组完成次数,做3~4组。

六、800 米跑(女)/1000 米跑(男)

(一)技术要领

800 米/1000 米跑的姿势应该是全脚掌着地,步伐轻盈,摆臂有力(幅度不用太大)。呼吸要均匀,有节奏,不能忽快忽慢,呼吸节奏是每3步一呼,每3步一吸,在保持速度的时候感觉呼吸困难,就需要调整为每2步一呼,每2步一吸,保持呼吸均匀和深度一致,这样跑起来才会感到轻快;跑步的过程中要注意抬头收腹,身体在比较低的高度上下起伏,双手自然配合脚步运动,减少身体左右晃动,减少不必要的能量浪费;保持步频,提高步长,以提高成绩。

(二)锻炼手段

1.有氧运动能力。

(1)持续跑:慢速持续跑,节奏轻松,时间为30分钟;快速持续跑,以10千米每小时速度跑,时间为10~45分钟。

(2)长距离低强度重复训练,以3~10千米每小时速度短距离重复跑,组间休息时间等于完成时间,例如以3~10千米每小时速度跑200米×10次×2组,组间休息5分钟。

(3)间歇训练法,重复训练法,法特雷克训练法——在持续跑中加入短时间的快速冲刺,10~45分钟。

2.无氧运动能力。

短距离高强度重复训练,80~600米,强度为80%~100%,间歇30秒~10分钟,3~4组。

（三）锻炼方法

1.匀速跑 800～1500 米：整个过程都以均匀的速度跑；

2.中速跑 500～1000 米：要跑得轻松自然，动作协调，放开步子跑；

3.重复跑：反复跑几个段落（如 200 米、400 米或 800 米等），中间休息时间较长，跑的距离、重复次数、快慢强度都可根据自己的情况而定；

4.加速跑 40～60 米：反复跑，中间有较短时间的间歇；

5.变速跑 1500～2500 米：要求快跑与慢跑结合，如采用 100 米慢跑、100 米快跑或 100 米慢跑、200 米快跑等方法交替进行；

6.越野跑：利用自然地形条件练习，如在公路、田野或山坡（上下坡跑）练习；

7.跑台阶、跑楼梯练习。

（四）锻炼中应注意事项

1.不宜空腹进行长跑。热身时间不少于 15 分钟，直至内脏器官及心理处于良好的适应状态。在空腹状态下进行长跑容易引起低血糖，出现心悸、乏力、出汗、饥饿感、面色苍白、震颤、恶心呕吐等，较严重的可能导致昏迷甚至死亡。

2.正确呼吸。一般情况下，可两步或三步一呼，两步或三步一吸，注意节奏不能起伏过大。吸气方式上，应尽量采用鼻呼吸和口鼻混合呼吸。冬季长跑时，可用舌头抵住上颚，以避免直接大量吸入冷空气而对气管、支气管造成刺激。

3.不宜在长跑过程中穿得太厚、太臃肿，妨碍身体的运动，加重身体的负担。宜穿比较宽松吸汗、适合运动的棉质服装。运动完后要及时加衣服或更换干爽衣服，以免感冒。

4.在进行 800 米/1000 米测试前如有身体不适，或在测试中有其他异常现象必须与测试老师沟通。

5.800 米/1000 米结束后应继续走动，不要立刻停下，以免发生意外。

第四节　《国家学生体质健康标准》测试成绩的评分标准

学生体测总分由标准分与附加分之和构成，满分为 120 分。标准分由各单项指标得分与权重乘积之和组成，满分为 100 分。附加分根据实测成绩确定，即对成绩超过 100 分的加分指标进行加分，满分为 20 分。大学生的加分指标为男生引体向上和 1000 米跑，女生 1 分钟仰卧起坐和 800 米跑，各指标加分幅度均为 10 分。

《标准》根据学生学年总分评定等级（表 10-2）：90 分及以上为优秀，80～89.9 分为良好，60～79.9 分为及格，59.9 分及以下为不及格。

表 10-2 《标准》总分与评定等级对应表

得 分	等 级
90 分及以上	优秀
80～89.9 分	良好
60～79.9 分	及格
59.9 分及以下	不及格

"标准"成绩每学年评定一次,按评定等级记入国家学生体质健康标准登记卡。学生毕业时的成绩和等级,按毕业当年学年总分的 50% 与其他学年总分平均得分的 50% 之和进行评定。"标准"测试的成绩达不到 50 分者按结业或肄业处理。

因病或残疾免予执行"标准"的学生,填写"免予执行《国家学生体质健康标准》申请表",存入学生档案。确实丧失运动能力,被免予执行"标准"的残疾学生,仍可参加评优与评奖,毕业时"标准"成绩注明免测。

"标准"实施办法规定:学生"标准"测试成绩评定达到良好及以上者,方可参加评优与评奖;成绩达到优秀者,方可获体育奖学分。"标准"成绩不合格者,在本学年准予补测一次,补测仍不合格者,则学年"标准"成绩为不及格。

一、体重指数(BMI)单项评分表

表 10-3 体重指数(BMI)单项评分(单位:千克/米²)

等级	单项得分	大学男生	大学女生
正常	100	17.9～23.9	17.2～23.9
低体重	80	≤17.8	≤17.1
超重	80	24.0～27.9	24.0～27.9
肥胖	60	≥28.0	≥28.0

二、测试项目各单项评分表

表 10-4　大学男生各单项评分

等级	单项得分	肺活量（毫升）		立定跳远（厘米）		坐位体前屈（厘米）		引体向上（次）		50米跑（秒）		1000米跑	
		大一大二	大三大四	大一大二	大三大四	大一大二	大三大四	大一大二	大三大四	大一大二	大三大四	大一大二	大三大四
优秀	100	5040	5140	273	275	24.9	25.1	19	20	6.7	6.6	3′17″	3′15″
	95	4920	5020	268	270	23.1	23.3	18	19	6.8	6.7	3′22″	3′20″
	90	4800	4900	263	265	21.3	21.5	17	18	6.9	6.8	3′27″	3′25″
良好	85	4550	4650	256	258	19.5	19.9	16	17	7.0	6.9	3′34″	3′32″
	80	4300	4400	248	250	17.7	18.2	15	16	7.1	7.0	3′42″	3′40″
及格	78	4180	4280	244	246	16.3	16.8			7.3	7.2	3′47″	3′45″
	76	4060	4160	240	242	14.9	15.4	14	15	7.5	7.4	3′52″	3′50″
	74	3940	4040	236	238	13.5	14.0			7.7	7.6	3′57″	3′55″
	72	3820	3920	232	234	12.1	12.6	13	14	7.9	7.8	4′02″	4′00″
	70	3700	3800	228	230	10.7	11.2			8.1	8.0	4′07″	4′05″
	68	3580	3680	224	226	9.3	9.8	12	13	8.3	8.2	4′12″	4′10″
	66	3460	3560	220	222	7.9	8.4			8.5	8.4	4′17″	4′15″
	64	3340	3440	216	218	6.5	7.0	11	12	8.7	8.6	4′22″	4′20″
	62	3220	3320	212	214	5.1	5.6			8.9	8.8	4′27″	4′25″
	60	3100	3200	208	210	3.7	4.2	10	11	9.1	9.0	4′32″	4′30″
不及格	50	2940	3030	203	205	2.7	3.2	9	10	9.3	9.2	4′52″	4′50″
	40	2780	2860	198	200	1.7	2.2	8	9	9.5	9.4	5′12″	5′10″
	30	2620	2690	193	195	0.7	1.2	7	8	9.7	9.6	5′32″	5′30″
	20	2460	2520	188	190	−0.3	0.2	6	7	9.9	9.8	5′52″	5′50″
	10	2300	2350	183	185	−1.3	−0.8	5	6	10.1	10.0	6′12″	6′10″

表 10-5　大学女生各单项评分

等级	单项得分	肺活量（毫升）		立定跳远（厘米）		坐位体前屈（厘米）		仰卧起坐（次）		50米跑（秒）		800米跑	
		大一大二	大三大四	大一大二	大三大四	大一大二	大三大四	大一大二	大三大四	大一大二	大三大四	大一大二	大三大四
优秀	100	3400	3450	207	208	25.8	26.3	56	57	7.5	7.4	3'18"	3'16"
	95	3350	3400	201	202	24.0	24.4	54	55	7.6	7.5	3'24"	3'22"
	90	3300	3350	195	196	22.2	22.4	52	53	7.7	7.6	3'30"	3'28"
良好	85	3150	3200	188	189	20.6	21.0	49	50	8.0	7.9	3'37"	3'35"
	80	3000	3050	181	182	19.0	19.5	46	47	8.3	8.2	3'44"	3'42"
及格	78	2900	2950	178	179	17.7	18.2	44	45	8.5	8.4	3'49"	3'47"
	76	2800	2850	175	176	16.4	16.9	42	43	8.7	8.6	3'54"	3'52"
	74	2700	2750	172	173	15.1	15.6	40	41	8.9	8.8	3'59"	3'57"
	72	2600	2650	169	170	13.8	14.3	38	39	9.1	9.0	4'04"	4'02"
	70	2500	2550	166	167	12.5	13.0	36	37	9.3	9.2	4'09"	4'07"
	68	2400	2450	163	164	11.2	11.7	34	35	9.5	9.4	4'14"	4'12"
	66	2300	2350	160	161	9.9	10.4	32	33	9.7	9.6	4'19"	4'17"
	64	2200	2250	157	158	8.6	9.1	30	31	9.9	9.8	4'24"	4'22"
	62	2100	2150	154	155	7.3	7.8	28	29	10.1	10.0	4'29"	4'27"
	60	2000	2050	151	152	6.0	6.5	26	27	10.3	10.2	4'34"	4'32"
不及格	50	1960	2010	146	147	5.2	5.7	24	25	10.5	10.4	4'44"	4'42"
	40	1920	1970	141	142	4.4	4.9	22	23	10.7	10.6	4'54"	4'52"
	30	1880	1930	136	137	3.6	4.1	20	21	10.9	10.8	5'04"	5'02"
	20	1840	1890	131	132	2.8	3.3	18	19	11.1	11.0	5'14"	5'12"
	10	1800	1850	126	127	2.0	2.5	16	17	11.3	11.2	5'24"	5'22"

三、加分指标评分表

表 10-6　加分指标评分

加　分	引体向上 （男）（次）	1分钟仰卧起坐 （女）（次）	1000 米跑（男）	800 米跑（女）
10	10	13	−35″	−50″
9	9	12	−32″	−45″
8	8	11	−29″	−40″
7	7	10	−26″	−35″
6	6	9	−23″	−30″
5	5	8	−20″	−25″
4	4	7	−16″	−20″
3	3	6	−12″	−15″
2	2	4	−8″	−10″
1	1	2	−4″	−5″

注：1.引体向上、一分钟仰卧起坐均为高优指标，学生成绩超过单项评分100分后，以超过的次数所对应的分数进行加分。

2.1000 米跑、800 米跑均为低优指标，学生成绩低于单项评分100分后，以减少的秒数所对应的分数进行加分。

参考文献

[1] 北京万柳高尔夫俱乐部.高尔夫球规则,2004.

[2] 裴勇.精彩高尔夫[M].北京:人民体育出版社,2005.

[3] 裴勇.高尔夫规则解读[M].北京:北京体育大学出版社,2012.

[4] 丁汉明.大学高尔夫教程[M].北京:首都经济贸易大学出版社,2011.

[5] 丁明汉,武晓君.高尔夫球运动[M].北京:高等教育出版社,2007.

[6] 谭受清.高尔夫球运动导程[M].长沙:国防科技大学出版社,2003.

[7] 齐力新,展更豪.高尔夫教程[M].北京:高等教育出版社,2013.

[8] 许毅涛.高尔夫实用教材[M].云南:云南人民出版社,2012.

[9] 中国高尔夫球协会教练员教材,澳大利亚职业高尔夫球协会有限公司撰写,2008.

[10] 赵大杰.高尔夫球运动的教育价值与实施策略——基于普通高等院校的调查分析
    [D].北京:南京体育学院,2009.

[11] 赵贻咸,戴玖.高尔夫启蒙[M].北京:原子能出版社,2005.

[12] 卓人刚,庄曹.高尔夫自学手册[M].沈阳:辽宁科学技术出版社,2004.

[13] 苏德荣,卢军.高尔夫球场设计学[M].北京:中国农业出版社出版,2011.

[14] 袁运平,凌奕.高尔夫球运动手册[M].北京:人民体育出版社,2001.

[15] 王昆仑.高尔夫球运动教程[M].北京:人民体育出版社,2012.

[16] 盖文·纽什.高尔夫球[M].吴嵘,译.北京:人民体育出版社,2010.

[17] Tom 高尔夫频道.

[18] Sina 高尔夫频道.

附　录

附录1　世界著名高尔夫球场

1. 松树谷高尔夫俱乐部（图 11-1）

图 11-1　Pine Valley Golf Club

　　该俱乐部位于美国新泽西州克莱门顿（Clementon，New Jersey），设计者是 Crump 和 Colt(1918)，标准杆数 70 杆，6183 米（6765 码）。松树谷在高尔夫界内充满了神秘色彩，因为它难于寻找，极其隐秘。这个俱乐部位于新泽西人迹罕至的贫瘠松林地带，那些找到了这个地方的人都说，这个球场是世界上顶级的球场之一。1913 年，它的创建者将他买下的 75 公顷杂乱的松树林建成为这个俱乐部。后来又扩张了面积高达 168 公顷的景色如画的原生森林，为俱乐部增添了一片美丽的风景。

　　2. 柏树点俱乐部（图 11-2）

图 11-2　Cypress Point Club

该俱乐部位于美国加利福尼亚州美丽的大瑟尔(Big Sur)乡下的圆石滩南部(Pebble Beach),是美国乃至世界上最著名的高尔夫球场之一。它始建于 1928 年,由著名的阿里斯特·麦肯兹(Alister Mackenzie)操刀设计,共设 18 个球洞,标准杆数 72 杆,5974 米(6536 码),每一个洞都充满了挑战性,使球手有机会经历不同寻常的打球经历。

在阿里斯特·麦肯兹所有的设计作品中,柏树点俱乐部球场是他的巅峰之作。这个球场最具特色的球洞自然是让诸多球手吃过闷亏的第 15、16 和 17 洞,其中,223 码(213 米)的第 16 洞没有球道,从发球台到果岭要穿过波涛汹涌的太平洋,堪称高尔夫球运动中最惊心动魄的洞,每一次开球都是对所有高尔夫球手的一大挑战。

柏树点俱乐部是一个名副其实的私人会所,在这个太平洋海岸边上的球场里你绝对看不到球手随意地挥杆打高球。

3.缪尔菲尔德乡村高尔夫俱乐部(图 11-3)

图 11-3　Muirfield Village Glof Club

该俱乐部位于苏格兰古兰(Gullane, Scotland, United Kingdom),设计者是 T. Morris(1889),标准杆数 71,6600 米(7221 码)。创办于 1744 年的缪尔菲尔德俱乐部是世界上最古老的高尔夫社团。200 多年以后,杰克·尼古劳斯(Jack Nicklaus)就是在爱丁堡附近这块传奇的绿地,赢得了他的第一个英国公开赛冠军(British Open)。许多打高尔夫球的人都认为缪尔菲尔德是一个真正考验你能力的地方。

4.圣·安德鲁斯老球场(图 11-4)

位于苏格兰圣安德鲁斯(St. Andrews, Scotland, United Kingdom),标准杆数 72 杆,6653 米(7279 码),如果你想在高尔夫俱乐部圈内拥有一席之地,就应该去圣·安德鲁斯著名的老球场打一局,它是这个世界上最著名的球场。从 15 世纪开始,人们一直在苏格兰东海岸这块富饶的土地上打高尔夫球。除了老球场,这里有 4 个更精彩的 18 洞球场,一个 9 洞球场和一个接受任何水平球手的训练中心。这里的一切都向公众开放,但必须提前预约。

图 11-4　St. Andrews(Old Course)

　　它因自然形成的地理环境而闻名于世,其中包括 112 个天然沙坑,包括著名的第 14 洞"Hell"、第 11 洞"Strath"以及令人闻风丧胆的第 17 洞"Road Hole",能一次完成 18 洞,将给您带来无限满足。现今的老球场是已举办过 26 次高尔夫公开赛的比赛场地,老球场及周边建筑的历史氛围,让人忘记那些看似恐怖的沙坑和古怪的风向。每年吸引着全世界几千名高尔夫高手的到来。

　　5. 圆石滩高尔夫球场(图 11-5)

图 11-5　Pebble Beach Golf Links

　　该球场位于美国加利福尼亚圆石滩(Pebble Beach,California),设计者是 Neville 和 Grant(1919),标准杆数 72 杆,6158 米(6737 码)。圆石滩高尔夫球场也许是美国最负盛名的球场。当你行走在狭窄的球场草道上时,别忘记停下来欣赏一下这里迷人的岩石海滩景色——加利福尼亚太平洋东岸的美景之一。其中最为吸引人的纵深远景在第 18 洞,距离 501 米(548 码),标准杆数 5 杆。对于高尔夫球手来说,由于风是这里重要的考虑因素,所以要想获得好成绩,一定要选对合适的俱乐部场地。

　　1919 年开业的美国加州圆石滩高尔夫林克斯球场以设计精美和极具挑战性闻名世界,一直深受赞助商们和高尔夫球手的喜爱。圆石滩高尔夫球场曾多次举办世界最著名高尔夫赛事,包括每年一度的 AT&T 圆石滩职业业余配对赛以及 1972 年、1982 年、1992 年、2000 年和 2010 年的美国公开赛。

　　圆石滩高尔夫林克斯球场还在 2005 年美国杂志《高尔夫大师》的最佳球场评选中位列美国第一位。这座球场沿高低不平的海岸线设计,在自然景观的基础上延伸,峭壁边缘布景球道和起伏的果岭,相信这样的球场一定可以激起所有球手的挑战激情。

　　6. 皇家墨尔本高尔夫俱乐部(图 11-6)

图 11-6　Royal Melbourne Golf Club

　　该俱乐部位于澳大利亚墨尔本(Melbourne, Australia),设计者是 Mackenzie 和 Russell(1926),标准杆数 72 杆,东球场 6031 米(6598 码),西球场 6022 米(6589 码)。这个迷人的私人俱乐部,位于澳大利亚的东部。这里拥有两个 18 洞球场:东球场和西球场。为了锦标赛和特别的会员比赛,俱乐部将西球场的 12 个球洞和东球场的 6 个球洞组成了复合球场(Composite Course)。复合球场最早出现于 1959 年,皇家墨尔本俱乐部为了承办加拿大杯比赛(即现在的世界杯)而第一次创建了这种形式。

　　7. 辛尼克山高尔夫俱乐部(图 11-7)

图 11-7　Shinnecock Hills Golf Club

　　该俱乐部位于美国纽约南安普敦(Southampton, New York),设计者是 Willian 和 Flynn(1931),标准杆数 70 杆,6394 米(6996 码)。辛尼克山高尔夫俱乐部拥有着一系列引以为豪的第一。它建于 1893 年,最初由斯坦福·怀特(Stanford White)设计。它不仅是美国历史上第一个成立的俱乐部会所,同时也是第一家允许女性会员参加的俱乐部。长岛(Long Island)南岸起伏的地形使这个球场更加富有变化,而来自大西洋的海风也给这个私人球场增添了不少的挑战性。

8.奥古斯塔国家高尔夫俱乐部(图 11-8)

图 11-8　Augusta National Golf Club

　　该俱乐部位于美国佐治亚州奥古斯塔(Augusta,Georgia),设计者是 Mackenzie 和 Jones(1932),标准杆数 72 杆,6311 米(6905 码)。这个历史悠久的俱乐部位于佐治亚州的中心,每年春天在这里举办的名人赛是最令美国人追捧的锦标赛。锦标赛 18 洞球场和 9 洞球场附近开放着艳粉色的杜鹃花。高尔夫世界中最难打和最出名的 3 个洞都在这里:第 11 洞、第 12 洞和第 13 洞合在一起就是有名的"阿门之角"。在这里,优胜者按照传统总会穿上醒目的绿色夹克。(译者注:"阿门之角"(Amen Corner)是指美国名人赛专用球场奥古斯塔球场的第 11 到 13 洞,是 3 个难度最大,并且需要用战略的球洞。由于这 3 洞的设计、所处位置、障碍等使得它们都特别难打,也因此球手打这 3 洞时都要默默祈祷,心念"阿门",平安过关后也要念声"阿门"。最后一回合,对杀入决赛圈的球手来说,这 3 个洞是夺冠的关键,只要顺利过关就有希望。)

　　奥古斯塔国家高尔夫球俱乐部是每一位向往海滨高尔夫的爱好者梦寐以求的球场之一。它是男子职业高尔夫球四大赛之一的名人赛的诞生地和最终所在地。精美的设计为众多的名人提供了引人注目的赛事。

　　奥古斯塔国家高尔夫俱乐部于 1933 年开业,奠基者是华尔街的一位银行家罗伯兹和美国伟大的业余球手鲍比·琼斯。在奥古斯塔举行的名人赛是在 1934 年建立的,至今已经成为高尔夫职业赛中的四大满贯之一。同时,这项赛事也是四大满贯中唯一未曾改变过赛址的比赛。传统比赛时间是每年 4 月的第二周。

9.松林赫斯乡村俱乐部(图 11-9)

图 11-9　Pinehurst Country Club

该俱乐部位于美国北卡罗亚纳州松林(Pinehurst,North Carolina),设计者是 D. Ross(1903—1935),标准杆数 72 杆,6445 米(7051 码)。俱乐部成立于 1894 年,位于北卡罗来纳州的沙丘区(Sand Hills)。这里拥有 8 个一流的球场,和比其他任何普通俱乐部都多的球洞。其中"第一球场"设计得诗情画意、景色优美。然而,这里所有球场的球道都有成排的灌木和无数个沙坑。

10.皇家乡村高尔夫俱乐部(图 11-10)

图 11-10　Royal Country Down Glof Club

该俱乐部位于北爱尔兰纽卡斯尔(Newcastle,N. Ireland,United Kingdom),设计师是 T. Morris(1889),标准杆数 72 杆,6369 米(6968 码)。皇家乡村高尔夫俱乐部有着长达一百多年的悠久历史。这里拥有两个 18 洞的球场:一个是锦标赛 18 洞球场,另一个是稍微容易些的 Annesley 球场。它们距离南面的贝尔法斯特(Belfast)和都柏林分别是 48 千米和 145 千米。倚傍着高大巍峨的莫恩山脉(Mountains of Mourne),坐卧爱尔兰海湾,这里的挑战难度就如同它的美丽一样不容忽视。球道两旁生长着一些本地植物,如石兰花和金雀花。掩盖着沙坑的野草,以及海风都给这里增添了一丝紧张气氛。

附录 2　中国著名高尔夫球场

1. 春城湖畔度假村（湖景球场和山地球场）（图 11-11）

图 11-11　春城湖畔度假村（湖景球场和山地球场）

　　该度假村位于云南省昆明市，湖场设计师是 Robert Trent Jones Jr，山场设计师是 Jack Nicklaus，球场总面积 500 公顷（7496 亩），总洞数 36 洞，湖场标准杆 72 杆，球道长度 6584 米（7204 码），山场标准杆 72 杆，球道长度 6812 米（7453 码）。1998 年正式开业以来一直受到高尔夫爱好者的青睐和业界同人的一致好评，且分别于 2004 年、2005 年、2007 年被《亚洲高尔夫月刊》评为亚洲最佳高尔夫度假村。球场分别两次被全球业内最具权威性杂志美国《高尔夫文摘》评选为中国十大最佳球场之首，历年来被《亚洲高尔夫月刊》《高尔夫杂志》评选为中国最佳高尔夫球场。

2. 北京华彬国际高尔夫俱乐部（图 11-12）

图 11-12　北京华彬国际高尔夫俱乐部

　　华彬国际高尔夫球场是世界著名球王、国际高尔夫球场设计师尼克劳斯先生与其子联袂设计的跨世纪之作，由世界著名高尔夫球场景观设计师 Suraphan Ngamgitsuksri 先生监造，堪称中国高尔夫球场中的高档典范。

　　36 洞国际标准高尔夫球场 3 面山峰环绕、得天独厚，每一位来此挥杆的球手在体验大师设计的顶级高尔夫球场所带来的刺激与乐趣的同时,还能够全身心地沉浸于这山明水秀的大自然,放眼满目的绿草青葱,感受着阵阵清风,拥抱蓝天碧草,于花香树影中随意挥杆,充分感受那份独有的悠闲自在和成功的喜悦,浑然忘却整个喧嚣的俗世凡尘……

3. 深圳观澜湖高尔夫球场(图 11-13)

图 11-13　深圳观澜湖高尔夫球场

横跨深圳、东莞的观澜湖高尔夫球会,成立于 1992 年,历经十余年的艰苦砥砺,荣膺"吉尼斯世界第一大球会",先后投资 50 亿港币,总占地面积 20 平方千米,属于香港骏豪集团投资管理,先后邀请 12 位天皇巨星设计 216 洞 12 大球场,是世界最大也是唯一汇聚五大洲球场风格的高尔夫球会。

观澜湖是中国最负盛名的国际赛事和国际体育文化交流活动的理想举办地。已经举行了逾 50 次国际大赛和国际巨星到访活动,包括 1995 年高尔夫世界杯,2001 年泰格·伍兹中国挑战赛及 2002 年发起创办的亚洲"莱德杯"——朝王杯亚日职业高尔夫对抗赛,以及 2006 年发起创立的莱德杯国家队与国际队对抗的友好杯暨国际经贸友好论坛。观澜湖还于 2007—2009 年连续 3 年举办高尔夫世界杯(现在移至海南观澜湖举办)、友好杯暨国际经贸友好论坛,以及亚太地区最高水平的业余赛事 APGC 锦标赛等国际体育盛事。

深圳观澜湖高尔夫球会是亚洲唯一一间同时受到美国 PGA、TPC 和欧洲 PGA 认可,并入选"世界最优秀高尔夫俱乐部"的球会。1999 年获得亚洲 PGA 的"最佳比赛场地"奖(Best Host Venue),在球会所获的多个奖项中再添殊荣。

4. 深圳高尔夫俱乐部(图 11-14)

深圳高尔夫俱乐部球场设计新颖,整体布局合理,体现了因人制宜、因时制宜、因地制宜的特点。第一期工程按 18 洞、标准杆 72 杆的国际标准建造。球场依原地势地貌而建,竭力糅合了自然美学与现代风格,使自然环境与球场结合得天衣无缝、精妙绝伦。1990 年,随着会员的急剧增加,俱乐部又自筹资金增建了 9 个球道,使球场达到 27 洞、108 杆。深圳高尔夫俱乐部第二期工程的设计者为世界著名的 Nelson & Haworth Architect Co. 的设计师 Neil Haworth 先生。Neil Haworth 先生的杰作十分耀眼,为使球场更富于挑战性和趣味性,1997 年深圳高尔夫俱乐部斥资 5000 万港元(不含其他费用)对球场 27 洞的球道和果岭进行了大规模的改建。经 Neil Haworth 大师画龙点睛,第二期工程增加了难度较高的障碍,移植了 3000 多株树木,修建了 18 处花圃、假山等景观,新增了 11 个发球台,令球场布局日臻完美;远看,同为标准杆 36 杆的 A、B、C 3 个赛场显得错落有序、仪态大方;近瞧,球洞设置特色各异、妙趣横生,把惊、险、奇、美尽情结合,展现在人们面前。球场的西端,是众多高尔夫球迷最理想的练习场所。按正规球道设置的 30 个打位,按正规球场排列的果岭和沙坑,极其逼真,无论是长击、还是短打,总是能享受到挥杆打"小白球"的乐趣。

图 11-14　深圳高尔夫俱乐部

深圳高尔夫俱乐部堪称中国高尔夫行业第一个敢吃螃蟹的先行者,也为中国高尔夫培养、造就、输送了一批又一批人才、职业球手,成为名副其实的中国高尔夫的"黄埔军校"。

5.上海佘山国际高尔夫俱乐部(图 11-15)

上海佘山国际高尔夫俱乐部坐落于上海松江佘山国家旅游度假区,总占地面积 2200 亩,其中 1700 亩为 18 洞 72 杆国际锦标赛级高尔夫球场(球道长度为 7168 码),由 N&H 公司的尼尔逊·哈沃斯所设计,设计规划极力保护原生植被,精心营造上海唯一的森林丘陵型生态高尔夫球场。还有 26 道高尔夫练习场。俱乐部还用 500 亩用于建造意大利托斯卡纳风格的顶级别墅社区。

佘山国际高尔夫俱乐部是优孚控股在上海投资开发的高端休闲度假项目,同时是上海地区第一个纯私人制高尔夫俱乐部,有着严格的入会制度,会员大都是在各个领域深具影响的精英人士,俱乐部以拥有世界顶级的锦标赛场地和会所而备感自豪。在连续 5 年成功举办世界顶尖的高球赛事——汇丰冠军赛之后,全新升级的世锦赛——汇丰冠军赛更让佘山高尔夫俱乐部为世界所瞩目!

图 11-15　上海佘山国际高尔夫俱乐部

6.海口观澜湖高尔夫度假村/黑石球场(图 11-16)

图 11-16　海口观澜湖高尔夫度假村/黑石球场

　　在海口观澜湖度假村,其壹号球场就被称之为黑石球场。作为观澜湖在海南推出的第一个作品,其被赋予的期望自是分外不同。颇具王者风范的黑石球场可是海南观澜湖度假区的旗舰球场,这是全球高尔夫爱好者慕名"朝圣"的球场。它完整保留着万年火山熔岩石的原始地质,球手在返璞归真的自然环境中,穿行于茂密幽静的古林老树及恬静优美的明湖川泽间,享受不断变化的挑战。这个世界级比赛场地设计独特,总长度逾7777 码,让观众以最广阔的视角来观看比赛,尤其在最后几洞,观众能从多个角度见证胜利的时刻,这样的球场才不失为真正的世界顶级比赛场地。这样的长度,很多 4 杆洞都达到了 500 多码,而很多球场的 5 杆洞也不过此等长度。

7. 大连金石高尔夫俱乐部(图 11-17)

图 11-17　大连金石高尔夫俱乐部

金石高尔夫俱乐部坐落在辽东半岛黄海岸边有"神力雕塑公园"之称的大连金石滩国家旅游度假区东部景区内,占地 3000 亩。球场距大连市中心 58 千米,距大连国际机场 56 千米,距大连经济技术开发区 28 千米,距长海县广鹿岛 21 海里。

金石高尔夫建有两个球场:A 区神龟球场,始建于 1993 年 8 月,1996 年 9 月建成正式对外营业,由美国著名高尔夫球场设计大师皮特·汤姆逊设计,神龟球场 18 洞 72 标准杆,全长 7126 码;B 区金鹰球场完工于 2002 年 5 月,由美籍华人朱宗英设计,金鹰球场 18 洞、72 标准杆,全长 6415 码。设计者依据三面环海,一面依山的地势,充分利用天然的海岸景致和独特的丘陵地貌,匠心独运,合理布局,整个球场气势恢宏、绵延起伏、错落有致,每条球道形状迥然,各具特色。

金石高尔夫球场周边海岸线上怪石林立,诞生于 6 亿～9 亿年前震旦纪、寒武纪的地质地貌、沉积岩石、古生物化石被大自然的鬼斧神工雕琢得千姿百态、神奇瑰丽,形成了许多景点,被誉为"凝固的动物世界""科学与艺术的长廊";世界地质学界称之为"海上石林""天然地质陈列馆",是中国独一无二、世界极其罕见的,地球不能再生的自然景观。金石高尔夫俱乐部也因此获得 2004 年、2006 年连续两年"中国最佳景观奖"球场的荣誉。

8. 云南石林国际乡村俱乐部/C 场(图 11-18)

图 11-18　云南石林国际乡村俱乐部/C 场

　　地球"八大自然景观之一"的石林风景区,拥有世界上规模最大的剑状喀斯特地貌奇观,如果说这是天赐奇境,那么,紧挨着这"天下第一奇观"而建的石林国际乡村俱乐部,则是人造奇迹。3 个 18 洞高尔夫球场,54 个凝聚 2.7 亿万年天地精华的石头上的果岭,是中国土地上孕育的传世神话,举世无双。

　　三个国际锦标赛级球场——御风岭(A 场)、大师会(B 场)、领袖峰(C 场),分别荟萃了自然野性、园林景观、原生态三种风格。领袖峰(C 场)全长 7528 码,很多球道被浓郁的松树包围,粗犷的沙坑边界线和自然的景观连接得天衣无缝;球道从较高地形处的松树林中开始展开,一直到五杆洞的四号双狗腿道,山谷才出现在视线中;行进到 8 号球道,士兵式石头密密麻麻,场面威武,在千军万马的注目礼中,你会见到全场最特别最壮观的两个球道——11 号洞是打向石墙,12 洞是全世界第一个"石屿"果岭,果岭的周围是被石头包围而不是水。置身于如此壮观的石景中,不断经受着视觉和想象力的冲击,唯有胸怀大志,腹有良谋,有包藏宇宙之机、吞吐天地之志者,方能尽情地与自然圆融共舞。

　　9.海南山钦湾高尔夫球场(图 11-19)

图 11-19　海南山钦湾高尔夫球场

　　该球场是中国最佳的海岛山崖高尔夫球场。球场规模为 36 洞国际锦标赛级球场,标准杆为 71 杆,是世界著名球场设计师比尔·库勒(Bill Coore)在中国唯一的作品。美国权威高尔夫杂志《高尔夫》日前评出世界最佳 100 个高尔夫球场,中国海南的山钦湾球场(Shanqin Bay on Hainan Island)新入选世界百佳球场,排名 78 位,是中国唯一一个入选的高尔夫球场。

　　山钦湾高尔夫球场项目位于海南博鳌万宁区内。这里依山傍海、植被茂盛,海湾优美、沙滩洁净、景色动人,中心地带三面环海,地势错落起伏,一条长 1000 米、宽 50 米的暗沙滩将山钦湾形成一处浅海。

　　球场整体设计紧紧抓住博鳌山钦湾地理自然特征,巧妙地将海岛山崖球场特征勾勒出来。置身其中,绿毯般的球道,洁白的沙坑,蜿蜒的车道,流线型的起伏,赏心悦目的落差;大海、沙滩、绵山、椰林尽收眼底的那种阔达与轻松让人心旷神怡,醉而忘返,给人一种轻松、自然、优雅的视觉享受。

10.中山温泉帕尔默球场(图 11-20)

图 11-20　中山温泉帕尔默球场

位于中山市石岐南面的中山温泉高尔夫球会是香港的几大富豪投资创立的休闲场所。这里作为中国第一家能承接国际赛事的高尔夫球会引领着国内高尔夫行业的兴起。它由高球传奇人物阿诺·帕尔默精心设计,是中国首个国际标准球场,早于 1984 年正式启用。自然的地貌中兼备精雕细刻之处,正是其设计之特色,球场长 6085 米,标准杆71 杆,球道顺着山势,波浪起伏,参天大树及茂密丛林与果岭及水塘交织,展现经典的风范。其设计精妙之处,三十年后的今日仍为人津津乐道。

附录3 高尔夫球理论考试题库

一、判断题

1. 球手只能携带 14 支(包括 14 支)以内的球杆。

2. 一个标准的高尔夫球场应有 18 洞组成,总的标准杆数为 72 杆。

3. 高尔夫的四大满贯是英国公开赛、美国公开赛、PGA 球手锦标赛和美国名人赛。

4. 高尔夫下场打球,每组最多 3 人。

5. 莱德杯是美国队与欧洲队的传统赛事。

6. 高尔夫球杆上的数字越大代表杆身越长,击打距离越远。

7. 高尔夫球杆可分为木杆、铁杆和推杆三大类。

8. Hole in one 的意思是一杆进洞。

9. 在现代第一届奥运会上就设有高尔夫项目。

10. 2016 年里约热内卢奥运会,高尔夫是正式比赛项目。

11. 现在的高尔夫四大赛事指美国名人赛、美国公开赛、美国职业锦标赛和英国公开赛。

12. 信天翁或金鹰是指比标准杆少三杆打完一洞。

13. 老鹰指以比标准杆少两杆的成绩打完一洞。

14. 小鸟指以比标准杆少一杆的成绩打完一洞。

15. 柏忌指以比标准杆多一杆的成绩打完一洞。

16. 双柏忌指以比标准杆多两杆的成绩打完一洞。

17. 三柏忌指以比标准杆多三杆的成绩打完一洞。

18. 高尔夫大满贯指球手在一年内取得四大赛事中夺冠的佳绩。

19. 高尔夫球杆的号码越大杆身越长,击打距离越远。

20. 高尔夫比赛场由发球区、球道和果岭三部分组成。

21. 打高尔夫可以穿牛仔或工装服装。

22. 木杆是用木头做成的。

23. 球杆杆身越短,杆面倾角越大。

24. 到高尔夫球场打球,穿什么衣服都可以。

25. 在所有的铁杆中,9 号铁杆击球距离最远。

26. 杆面倾角越小,击出的球抛物线越高。

27. 5 号铁杆比 9 号铁杆的杆面倾角大。

28.球座的作用是将球架高,减少击球失误的概率。

29.在高尔夫术语中,"Woods"是木杆的意思。

30.在高尔夫比赛中,球手常常戴着一只手套在左手或右手上,其目的是防止手被冻伤。

31.球杆杆身越轻,越适合初学者使用。

32.2号铁杆比9号铁杆短。

33.所有球杆中最长的是球道木杆。

34.高尔夫推杆的杆身长度都一样。

35.高尔夫球的直径不小于4.27厘米。

36.高尔夫的球的最大重量为45.93克。

37.球杆的长度为0.91~1.29米。

38.球杆整体的构成分为三部分,即杆头、杆身和握把。

39.球杆的杆号越小,杆身越短。

40.握杆方法主要包括重叠式握杆法、互锁式握杆法和十指式握杆法三种类型。

41.全挥杆技术通常包括上杆、下杆、收杆三个部分。

42.发球区的任何一个地方都可以开球。

43.高尔夫球都是白色的。

44.果岭上可以自由穿行。

45.同组球手未完成击球时,可以先离开果岭。

46.在球友推杆时,不可以站在球友推杆线的正前方及正后方,不能踩到球手的推杆线。

47.果岭上应该让离球洞远的球友先推球。

48.上一洞杆数最低的球手优先开球。

49.在发球台上开球,必须使用球座开球。

50.劈起杆(P)和沙坑杆(S)都属于铁杆。

51.按照规则需要抛球时,必须由球手自己抛球。

52.在高尔夫赛事中,可以将同一地区、同一单位的球手分在同一组。

53.障碍区是指任何水障碍区和沙坑。

54.露水和霜是散置障碍物。

55.在沙坑内击完球后,球手应该用沙耙修复自己的足迹和打痕。

56.在沙坑内击完球后,球手不需用沙耙修复自己的足迹和打痕。

57.1码等于0.9144米。

58.英文ace和hole in one都是一杆进洞的意思。

59.O.B.是指界外。

60. 当运动员击球时,观众可以随意拍照。

61. 同组队员正在打球,其他队员可以接打电话。

62. 球场上可以向同伴借球杆而不罚杆。

63. 下场打高尔夫球,每组最多 4 人。

64. 3 号铁杆比 8 号铁杆长。

65. 1 号木杆通常被称作开球杆。

66. 3 号铁杆属于长铁杆。

67. 4 号铁杆属于中铁杆。

68. 6 号铁杆属于长铁杆。

69. 7 号铁杆属于短铁杆。

70. 8 号铁杆属于短铁杆。

71. 9 号铁杆属于长铁杆。

72. 5 号铁杆属于中铁杆。

73. 高尔夫击球的力量主要来自于手臂的力量。

74. 净杆＝总杆－差点。

75. 在高尔夫球比赛中,如果运动员迟到超过 5 分钟,就会被判为失格。

76. 在果岭上应让距球洞近的先推。

77. 球杆在击球时,连续击球,应算两杆。

78. 5 分钟内找不到球,则视为球遗失。

79. 高尔夫比杆赛,如果运动员迟到 5 分钟以内,要加罚两杆。

80. 标准高尔夫球场设 18 洞,1～9 号为前 9 洞,10～18 号为后 9 洞。

81. 美国高尔夫球协会的简称是 USGA。

82. 比洞赛是以每洞决定胜负的。

83. 推杆属于铁杆。

84. 一般的站位有开放、封闭和平行三种方法。

85. 前 9 洞和后 9 洞分别设长、短球道各 2 个,中球道 5 个。

86. 长球道标准杆是 5 杆。

87. 中球道标准杆是 4 杆。

88. 短球道标准杆是 4 杆。

89. 高尔夫球一定是圆的。

90. 高尔夫球场的标准杆一定是 72 杆。

91. 球手可采用推、拉或挖的方式击球。

92. 球手的差点越大水平越低。

93. 开球时间迟到 5 分钟以内,比杆赛要罚 2 杆,比洞赛判该洞负。

94. 开球时间迟到 5 分钟以上，判失去比赛资格。

95. 击球顺序可随意更改。

96. 发球台开球必须使用球座。

97. 向比赛同伴询问有关如何选杆和击球要领，则要被罚 2 杆。

98. 正式挥杆但没打到球，不算 1 杆。

99. 球打出界要加罚 1 杆。

100. 在球道上，谁的球离球洞近谁就先打球。

101. 错打别人的球要罚 1 杆。

102. 比赛中可以借用他人的球杆打球而不受罚。

103. 5 分钟内找不到球则视为遗失球，球手必须接受"1 杆加距离"的处罚。

104. 球手击球前折断了挥杆区域的一根树枝，他要接受 2 杆的处罚。

105. 球打在自己的推车或球袋上，罚 1 杆。

106. 球击中自己、同伴或球童时，要罚 1 杆。

107. 击球时，若连击（一次击球，球与球杆接触 2 次以上），击球有效，但加罚一杆。

108. 球进入沙坑障碍区，球手击球前球杆不得触及沙坑，否则判罚 2 杆。

109. 球进入水障碍区，要罚 1 杆，然后在入水切点的水障碍区外面 2 杆范围内抛球。

110. 球在球洞区时，可以拿起球擦拭，但必须做标记。

111. 谁的球离洞近谁先打球。

112. 球手在果岭上推杆时，必须移除旗杆。

113. 妨碍别人打球的球，可以拿起但应做标记。

114. 推击线上有树叶可以拿走，但在推击线上有钉鞋的印痕，不能去整理。

115. 别人推的球还在动时，就做动作打自己的球，罚 2 杆。

116. 正式比杆赛中，每一洞都必须击球入洞，否则即失去参赛资格。

117. 两个人的球都在果岭上，打到球的人要被罚 2 杆。

118. 比赛时，如误将别人的球击入洞，要被罚 2 杆，且别人的球不算入洞，须从洞中取出，放回原位。

二、选择题

1. 标准高尔夫球场设有（ ）洞。
A. 16　　　　B. 17　　　　C. 18　　　　D. 19

2. 高尔夫球手的球包最多可以带（ ）支球杆。
A. 13　　　　B. 14　　　　C. 15　　　　D. 16

3. 标示或代表界外的立桩颜色是（ ）。
A. 白色　　　　B. 黄色　　　　C. 红色　　　　D. 蓝色

4.一个标准的 18 洞高尔夫球场由（　　）个 3 杆洞、（　　）个 4 杆洞以及（　　）个 5 杆洞组成。

　　A. 4-10-4　　　　B. 4-4-10　　　　C. 10-4-4　　　　D. 3-10-5

5.GOLF 这一单词最早出现在苏格兰的议会文件中，其含义是（　　）。

　　A. 球　　　　B. 棍子　　　　C. 击、打　　　　D. 放羊

6.在打球过程中，一洞低于标准杆两杆则称为打了个（　　）。

　　A. Birdie　　　　B. Eagle　　　　C. Bogey　　　　D. Hole

7.中华人民共和国成立后，我国第一家高尔夫球场是（　　）。

　　A. 深圳，观澜湖高尔夫球场　　　　B. 上海，佘山国际高尔夫俱乐部

　　C. 北京，华彬国际高尔夫俱乐部　　　　D. 中山，温泉帕尔默高尔夫球场

8.高尔夫球运动中最基本的动作是（　　）。

　　A. 挥杆　　　　B. 握杆、站姿　　　　C. 转体　　　　D. 瞄球

9."Drive"又被称为（　　）。

　　A. 1 号铁杆　　　　B. 1 号木杆　　　　C. 2 号木杆　　　　D. 推杆

10.下列的球杆不在中铁杆之列的是（　　）。

　　A. 5 号铁　　　　B. 6 号铁　　　　C. 7 号铁　　　　D. 9 号铁

11.在一场高尔夫比赛中用到最多的球杆是（　　）。

　　A. 1 号木杆　　　　B. 长铁杆　　　　C. 短铁杆　　　　D. 推杆

12.在所有的球杆中，击球距离最远的球杆是（　　）。

　　A. 1 号木杆　　　　B. 球道木杆　　　　C. 1 号铁杆　　　　D. 沙坑杆

13.在高尔夫术语中，"Caddie"的意思是（　　）。

　　A. 球童　　　　B. 梯子　　　　C. 球道　　　　D. 球车

14.在高尔夫术语中，"Green"的意思是（　　）。

　　A. 绿色　　　　B. 长草区　　　　C. 短草区　　　　D. 果岭

15.在高尔夫术语中，"Par"的意思是（　　）。

　　A. 球杆　　　　B. 平标准杆　　　　C. 高于标准杆 1 杆　　　　D. 低于标准杆 1 杆

16.在高尔夫术语中，"Tee"的意思是（　　）。

　　A. 品茶　　　　B. 球座　　　　C. 杆头　　　　D. 握把

17.在高尔夫术语中，"Iron"的意思是（　　）。

　　A. 铁杆　　　　B. 钢铁　　　　C. 推杆　　　　D. 木杆

18.在高尔夫术语中，"Rough"的意思是（　　）。

　　A. 浅草区　　　　B. 障碍区　　　　C. 沙坑　　　　D. 粗草区

19.在高尔夫术语中，"PGA"的意思是（　　）。

　　A. 职业高尔夫协会　　　　B. 女子高尔夫协会

C. 业余高尔夫协会   D. 中国高尔夫协会

20. 下列球杆中杆身最长的是(   )。

A. 3 号铁杆   B. 5 号铁杆   C. 7 号铁杆   D. 9 号铁杆

21. 下场打球的时候,有些球手会戴着高尔夫球帽,戴高尔夫球帽的作用是(   )。

A. 时尚   B. 减少阳光对视线的影响

C. 下场必须佩戴的装备   D. 模仿别人

22. 我国最早开设高尔夫课的大学是(   )。

A. 北京大学   B. 深圳大学   C. 厦门大学   D. 浙江大学

23. 1 号木杆的击球距离大约有(   )。

A. 183 米   B. 192 米   C. 201 米   D. 219 米

24. 高尔夫球杆的长度在(   )之间。

A. 0.81～1.19 米   B. 0.91～1.29 米   C. 0.95～1.31 米   D. 1.1～1.3 米

25. 劈起杆的击球距离为(   )。

A. 80～90 码   B. 90～100 码   C. 100～110 码   D. 110～120 码

26. 世界上第一家高尔夫俱乐部设立在(   )。

A. 英国伦敦   B. 法国巴黎   C. 美国纽约   D. 苏格兰爱丁堡

27. 果岭上球洞的直径为(   )。

A. 10.5   B. 10.2   C. 10.8   D. 10.6

28. 普通高尔夫球杆的代表颜色是(   )。

A. 绿色   B. 黄色   C. 黑色   D. 红色

29. 300 码左右的球道属于(   )。

A. 长球道   B. 中球道   C. 短球道   D. 超长球道

30. 目前公认高尔夫球运动起源于(   )。

A. 荷兰   B. 苏格兰   C. 英格兰   D. 中国

31. 被高坛称为"麦加圣地"的俱乐部是(   )。

A. 圣·安德鲁斯俱乐部   B. 奥古斯塔俱乐部

C. 圆石滩高尔夫俱乐部   D. 观澜湖高尔夫俱乐部

32. 当今世界高尔夫球场数量最多的国家是(   )。

A. 中国   B. 英国   C. 日本   D. 美国

33. 水面障碍的界线标示为(   )。

A. 白色   B. 黄色   C. 红色   D. 蓝色

34. 侧面水面障碍的界线标示为(   )。

A. 白色   B. 黄色   C. 红色   D. 蓝色

35. 世界上多数国家认为高尔夫球的发源地是(   )。

A. 荷兰　　　　　　B. 苏格兰　　　　　　C. 中国　　　　　　D. 美国

36. 被称为中国高尔夫球一哥的是(　　)。

A. 关天郎　　　　　B. 梁文冲　　　　　　C. 张连伟　　　　　D. 荣高棠

37. 高尔夫球场的类型很多,其中被称为林克斯风格的球场位于(　　)。

A. 山地　　　　　　B. 森林　　　　　　　C. 湿地　　　　　　D. 海边

38. 一个标准的高尔夫球场地的长洞每洞的标准杆为(　　),男子距离为(　　)码以上。正确答案是(　　)。

A. 5、470　　　　　B. 4、575　　　　　　C. 4、471　　　　　D. 5、471

39. 苏格兰最早的高尔夫球规则有(　　)条。

A. 12　　　　　　　B. 13　　　　　　　　C. 14　　　　　　　D. 15

40. 沙坑杆的英文标示为(　　)。

A. P　　　　　　　B. W　　　　　　　　C. S　　　　　　　D. R

41. 劈起杆的英文标示为(　　)。

A. P　　　　　　　B. W　　　　　　　　C. S　　　　　　　D. R

42. 通常我们认为高尔夫球起源于(　　)世纪。

A. 13　　　　　　　B. 14　　　　　　　　C. 15　　　　　　　D. 16

43. 在打球过程中,一洞低于标准杆一杆则称为打了个(　　)。

A. 金鹰　　　　　　B. 老鹰　　　　　　　C. 小鸟　　　　　　D. 柏忌

44. 在打球过程中,一洞多于标准杆一杆则称为打了个(　　)。

A. 老鹰　　　　　　B. 小鸟　　　　　　　C. 柏忌　　　　　　D. 信天翁

45. 在打球过程中,一洞低于标准杆三杆则称为打了个(　　)。

A. 信天翁　　　　　B. 老鹰　　　　　　　C. 小鸟　　　　　　D. 柏忌

46. 别名为"金熊"的著名高尔夫球手是(　　)。

A. 阿诺德·帕尔默　　　　　　　　　　B. 杰克·尼克劳斯

C. 加里·普莱尔　　　　　　　　　　　D. 巴比·琼斯

47. 冠军跳入池塘是(　　)赛事的传统。

A. 美国女子公开赛　　　　　　　　　　B. 英国女子公开赛

C. 纳比斯科锦标赛　　　　　　　　　　D. 法国依云锦标赛

48. 欧洲队对抗美国队的职业团体赛赛事是(　　)。

A. 世界杯　　　　　B. 莱德杯　　　　　　C. 总统杯　　　　　D. 沃克杯

49. 高尔夫四大满贯中历史最悠久的、最古老的赛事是(　　)。

A. 英国公开赛　　　B. 美国公开赛　　　　C. 美国名人赛　　　D. PGA 锦标赛

50. 目前世界上规模最大的高尔夫球场是(　　)。

A. 苏格兰圣·安德鲁斯老球场　　　　　B. 美国圆石滩高尔夫球场

C.美国奥古斯塔国家高尔夫俱乐部　D.中国深圳观澜湖高尔夫球场

51.球手在发球台开球时球打出界,需要重新开球,此时打球应算第(　　)杆。

A.1　　　　　　B.2　　　　　　C.3　　　　　　D.4

52.如果球手的使用中球在他完成击球准备后(并非因为击球)移动,则视为该球手使球移动,他应被加罚(　　)杆。

A.1　　　　　　B.2　　　　　　C.3　　　　　　D.4

53.球打入沙坑内,球手捡起球边的石子和树枝,他要罚(　　)杆。

A.1　　　　　　B.2　　　　　　C.3　　　　　　D.4

54.误将别人的球击入洞,要被罚(　　)杆。

A.1　　　　　　B.2　　　　　　C.3　　　　　　D.4